清水由美
Yumi Shimizu

すばらしき日本語

ポプラ新書
188

はじめに

私は、きれい好きです。部屋は隅から隅までぴしっと片づいているのが好きです。あるべきものは、つねにあるべき場所にあるのが好きです。台所はピカピカで、汚れたフライパンやお皿は、汚れるそばからきれいになっているのが好きです。床に一週間分の新聞が積んであったり、猫のおもちゃが散らかっているのは大嫌い。本棚がぐちゃぐちゃで、しかもホコリがたまっているなどというのは言語道断。階段に猫の毛がふよふよ遊んでいるのを見るとイライラします。

そして、日本語は、とてもきれいな言語です。

きれい好きな私は、そんな日本語が、とても好きです。日本語はすばらしい、じつにすばらしい、と思います。

日本語は、(たいていの)隅から(たいていの)隅まで、ぴしっと片づいているし、あるべきものが（多くの場合）あってほしい場所にあるし、よけいなものは（ほとんど）散らかっていないし、一見よけいなものに思えるものも、よくよく考えるとちっともよけいじゃない（ことが多い）し、そう、最新家電のそろったピカピカのキッチンのごとく、機能美にあふれているのです。

うむ。すばらしきかな、日本語。

あ、でも勘違いなさらないでくださいね。日本語は○○語よりすばらしいとか、××語とちがってきれいだとか、そんなことを申しているのではありません。日本語の音は△△語にくらべてやわらかくやさしく聞こえるだとか、○○語にはない微妙精妙な語彙《ごい》が豊かだとか、陰影に富んでいる点が××語とは大違いだとか、そんなことを言うつもりも、ありません。

だいたいにおいて、私が知っている言語は（知っていると言っちゃってもまあ許してもらえる程度に知っている言語は）、英語だけです。○○語も××語も知りません。世界に何百何千とあるそのほかの言語とくらべて日本語が美しいとかきれいだとか機能的だとかすばらしいとか、とうていそんなことを語れる人間ではないのです。

ただただ、二十代半ばから日本語教師というしごとをしてきて、留学生たちからの想定外の質問にあたふたしながら日本語について考える中で、いろいろな瞬間に、「ああ、日本語って、きれいだ」と思うのです。「日本語って、なんて整った言語だろう」と思うのです。ほかの言語とくらべるまでもなく、日本語だけを見つめてきて、そう思うのです。

だけれども、そのことを知っている日本人（大ざっぱな言い方ですが、ここでは日本語母語話者という意味です）は、あまりに少ない。日本語は微妙で繊細な表現が多いからなあふふん、などと、根拠のあやしい自慢をなさる方がある一方で、日本語ってなんだかあいまいだよね、とか、論理的な思考には向いてないんじゃないかしらん、とか、妙に自虐的日本語観を持っている日本人が、なぜだか、とても多い。ほんとうの意味で日本語のすばらしさに気づいていない人が、あまりに多い。

それは、とても、もったいないことです。

日本語という言語は、要所要所にぴしっとスジが通っているし、奇跡のように整理整頓が行き届いている言語です。そのことをぜひ、日本語ネイティブのみなさんに知っていただきたいと思いました。よその言語とくらべるのではなく、日本語そのものを、自分たちの母語のありのままを、一つの言語としてじぃっと観察してみてください。

日本語が見せる横顔の、その美しさにハッと息をのむことでしょう。

では、私はひとまず失礼いたします。先日来忽然と姿を消したままの眼鏡を探さねばなりませんのでね。あそこの新聞の山があやしい。いや、猫のおもちゃ箱か？　まさか流しの鍋の中などということは……。あ、いいかげんに掃除機もかけなければ。私はきれい好きです。きれいになっているのが好きです。きれいにするのって、どうしてこんなにたいへんなんでしょう。

さ、みなさまはどうぞ、ページを繰って先にお進みくださいませ。

すばらしき日本語／目次

第1章 日本語大好き！

まあ、のっけからなんと直球ど真ん中な章タイトルでしょうか。もうちょっとひねりなさいなという声が聞こえてくるようですけれども、好きなんですからしょうがない。私は日本語教師です。大好きな日本語をしごとにできて、ほんとうにしあわせな人生だと思っております。本章では、日本語のどこが好きか、どこらへんがどうステキなのか、というお話を、いくつかご紹介いたします。

日本語に文字がやってきた！

万葉の昔のそのまた昔、海の向こうの巨大文明からもたらされた、漢字という文字。もちろん、それ以前から日本列島にもことばはありました。のちに「日本語」と称されることになることばです。けれども、われらがご先祖さまたちはそれをしゃべるだけであって、書き記すすべは持っていませんでした。そこへ日本海の荒波を越えて、文明大国からふしぎなものが伝来したのです。その「文字」というものに初めて出会ったとき、ご先祖さまたち、どんなに感動したことでしょう。

書いて残せる！

声が消えた後も、自分が死んだ後も、残せる！

声が届かぬ遠くの人にも、伝えることができる！

たくさんの人に、同じことを伝えることができる！

一度忘れても、何度でも、読み返すことができる！

ああ、何てすばらしい‼

口に出したとたんはかなく虚空《こくう》に消えてゆくばかりだった声を、手もとに留めておくすべを得たのです。時空を超えて残し、広めることのできる手段を得たのです。それはボイスレコーダーやインターネットの発明に匹敵するような、いやそれ以上の劇的な出会いだったのではないでしょうか。

とはいうものの、残念ながら漢字は、あくまで中国語という外国語を記すための文字でした。発音も文法もまるっきり違う、外国語のための文字です。そのままでは、日本語を書き写す道具にはなりません。

そこでまず考えたのが、万葉仮名でした。言っちゃえば、当て字、当て読みです。「夜露死苦《よろしく》！」の世界ですね。ヤンキー、上等！

でも音だけを借りるそのやり方では、書くのに時間がかかります。何しろ漢字は画数が多いですもんね。そこで、早く書くために、字体を崩して平仮名を作りました。

あるいは、字画の一部を取り出して、片仮名を作りました。

こうして仮名という、音を表す文字（表音文字）を得た日本人は、これ以降、自由自在に、自分たちの日本語を書き記す手段を得たことになります。ガード下でモタモタ「夜露死苦」なんて書いてたらおまわりさんに捕まってしまいますが（注・公共物や他人の家屋などへの落書きは犯罪です）、「よろしく！」や「ヨロシク！」なら、あっという間に書けます（注・あっという間に書いても犯罪は犯罪です）。

まぜちゃえ

が、いったん漢字という表意文字（意味を持つ文字）を知ってしまった日本人は、それだけでは満足できなかったものと見えます。なんと、漢字も使うことにした。崩したり省略したりしない、そのままの漢字を、今度は意味もろとも、意味コミで、併存させることにしたのです。なんという超絶柔軟思考でしょう。そうして、自分たちが作り上げた仮名と、舶来の漢字とをいっしょに使うという、摩訶《まか》不思議な「漢字仮名まじり文」を、標準の書記システムにしたのです。

これ、すごくないですか？

漢字から片仮名、平仮名が誕生

◆字母（仮名の元になる漢字）が、片仮名と平仮名で違う例

◆同じ字母から、片仮名と平仮名が作られた例

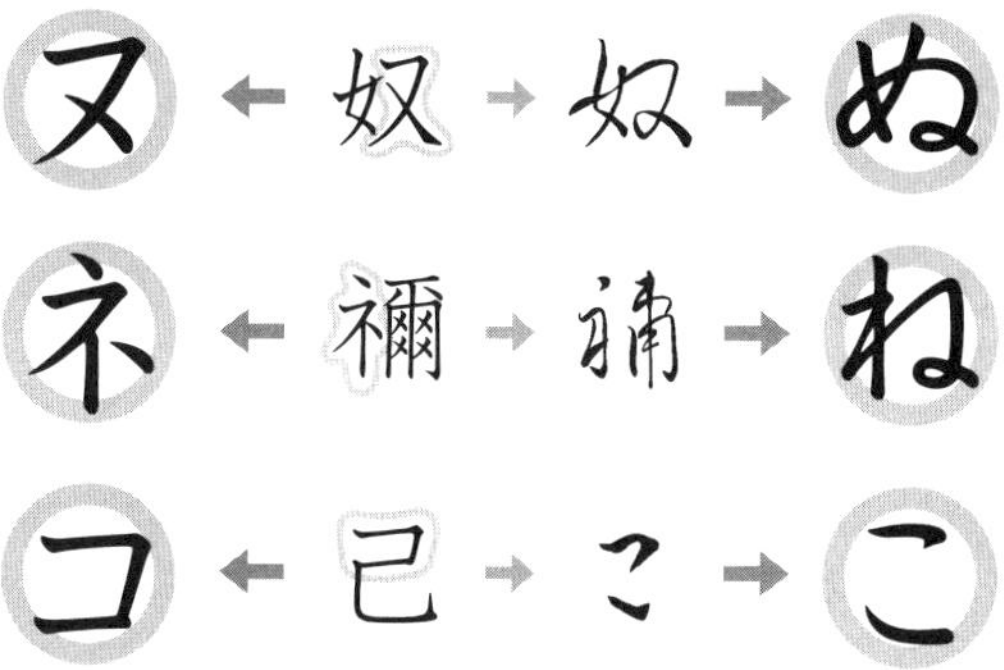

子どものころから日本の国語教育を受けて育った人にとっては、あまりに当たり前すぎて、このすごさは意識しにくいかもしれません。意識していただくために、ちょっと強引なたとえをします。外国語用の、つまり舶来の文字をそのままの形でまぜて書くとは、こういうことです。

table に、red い wine の glass が、two つ。
autumn の sun ざしに shine めいて、とても beautiful しい。
さあ、drink もう、eat べよう。

英語のアルファベットは表意文字ではないので、漢字まじり文とはその点が大きくズレますが、行為の本質は、こういうことです。外国語を表すための文字（漢字やアルファベット）を、そのまま、自分たちの言語（日本語）の表記にまぜこんでいるんですから。

念のために、右の妙ちくりんな例文を漢字仮名まじり文に変換しておきましょう。

食卓に、赤いワインのグラスが、二つ。
秋の陽ざしに煌《きら》めいて、とても美しい。
さあ、飲もう、食べよう。

「赤」や「陽」や「煌」という文字がもともとは外国語のものだったと考えると、見慣れたはずの漢字仮名まじり文が、何やら異様なものに見えてきます。

読み方もまぜちゃえ

さらに、われらがご先祖さまたちのくふうは、表記だけにとどまりません。読み方にも及んでいます。もとの外国語（中国語）の発音に近い音で読む語と、日本語にもとからあった単語に合わせて読む語を、同居させたのです。前者が音読みする漢語（たとえば「食卓」）で、後者が訓読みする和語（たとえば「食べる」）です。これまたなんという力技！　なんという独創性でしょう！

まあ、だからこそ、というか、その副作用として、日本語の書記体系は、外国人学習者のみならず母語話者にとってさえ、習得にはいささか手間どるものになってしまいました。文明開化のころには漢字廃止論が盛んでしたし、のちには、いっそのことフランス語を国語にしてしまえ、と言い出す文学者まで現れました。

しかし、一方では、この煩雑さに魅力を見出す日本語学習者も少なくありません。非漢字圏からの留学生たちは、そのほとんどが、音読み訓読み取りまぜ、どうにかして自分の名前を漢字で書こうと奮闘します。なるべく自分の名前の原音に近い読み方ができて、なおかつ「いい意味」を持つ漢字を、いっしょうけんめい探すのです。そしてカッコイイ(と彼らが思う)漢字化に成功すると、ネットや街のお店で印鑑を作ってもらい、ちょっとしたクイズや課題など、紙で提出するものがあれば嬉々としてそれを押す。クイズの名前欄に、ハンコって……。とにかく、意味を持つ文字があって、しかもその読み方が一つに限らないということ、これは彼らにとってたいへんに魅力的な事態なのでしょう。かなしいことに二〇一九年に亡くなられましたけれど、日本文学の大恩人ともいうべきお人、東日本大震災後に日本に帰化なさって被災地を力強く励ましてくださったドナルド・キーンさん、あの方の漢字名もカッコイイですよね。鬼怒鳴門(きーん・どなるど)。

漢字はそもそもの字体が複雑な上に、日本語の場合は読みの複雑さも加わって、たしかに簡便ではありません。でも、文明開化のころと現代では、大きく事情が違っています。少なくとも現代の日本では、漢字は「書く」ものではなく「打つ」ものになっています。メール、スケジュール管理、資料作成等々、手で書く場面は確実に減っています。少なくとも字体の複雑さについては、うんとハードルが下がったといえましょう。となれば、こんなにユニークで魅力的な書記システムを捨てるのはもったいなさすぎます。漢字と、そして漢字仮名まじり文のハイブリッドな魅力を、大いにたのしもうではありませんか。

いろは歌の作者を尊敬する

少し戻って、仮名文字と音の関係を見てみましょう。何かの分野についての初歩的なことを、「イロハ」という言い方をしますね。「料理のイロハから教わる」とか「ビジネスのイロハも知らない」のように。いうまでもなく、いろは歌の最初の三文字であることから、基本のキという意味で使われる表現です。

いろはにほへと　ちりぬるを

わかよたれそ　つねならむ
うゐのおくやま　けふこえて
あさきゆめみし　ゑひもせす

このいろは歌、今の日本語ではイあるいはエと発音する文字がそれぞれ二つずつ入っている（「い」と「ゐ」、「え」と「ゑ」）、逆に、現代語の「ん」にあたる文字が入っていない、さらに清音と濁音の区別がない――など、現代語とはちょっとズレがあります。ありますけれども、（当時の）日本語に使われていたすべての音、正確には「音節」を書き表すのに必要十分な数の仮名文字四十七個が、みごとにすべて、かつそれぞれ一回だけ、使われています。しかもそれが全体として意味のある、音のつらなりとしてもなかなか美しい歌になっているというのは、すごいと思います。

でもほんとうにすごいのは、歌としての出来うんぬんの前に、日本語に使われている音を書き記すために必要かつじゅうぶんな文字の数は四十七個だ、と見極めたことではないでしょうか。先に万葉仮名のことをちょっと申しましたが、そこから現代語の仮名が確定するまでには、じつは紆余《うよ》曲折《きょくせつ》がありました。

古文書などを見ると――あ、すみません、今、ウソつきました。わたくし、古文書なんか読めません。読めたらカッコイイだろなと思って挑戦はしてみたのですが、どこで切れるかすら判然としないにょろにょろした線の連続に、すぐあきらめました。でもそのときに購入した『字典かな』という小さな書物が、今も手もとにあります。で、それを見ると、たとえば、「あ」のもとになった漢字（＝字母《じぼ》）は「安」ですが、「ア」と発音する仮名は「あ」一つではなく、ほかに、「阿、愛、亜、悪」と四つもの字母が挙げられています。そしてそれぞれを草体に崩した仮名文字は、現代の平仮名「あ」とは似ても似つかぬ形をしています。いわゆる「変体仮名」というもので、一つの音を記す仮名文字に、複数のバリエーションが存在していたんですね。今でも、老舗のそば屋さんや和菓子屋さんなどの屋号に、謎めいた文字が使われていますが、あれです。

つまり実際に当時使われていた仮名文字の数は、四十七よりずっと多かったのです。しかしそれに引きずられることなく、この文字とこの文字は音としては同じだな、と判断し、四十七個に絞り込んだわけで、そこがまず、いろは歌の作者の優れたところだと思います。ちなみに、現代語では音の区別がなくなっていますが、「い」と「ゐ」、

「え」と「ゑ」、それに「お」と「を」も、当時は発音が違ったからこそ文字も使い分けられていた、ということがわかっています。

この、文字に引きずられないで音を聞き分けるということ、けっこう難しいんですよ。たとえば、「お姉さん」の「ねえ」と、「丁寧」の「ねい」は、仮名で書くと別の文字ですけれども、実際の自然な発音は、ともに「ネー」です。また、「ありがとう」の「とう」と「遠い」の「とお」は、どちらも「トー」と発音されるのが自然です。つまりエ段長音とオ段長音の表記にはそれぞれ二種類あるわけですが、このときの「い」と「え」、「う」と「お」が、文字は違えど音としては同じ、と即座に自信を持って言い切れる日本語ネイティブは、案外少ないのではないでしょうか。

ですからそういう意味でも、このいろは歌を考えた人はすごいと思います。といっても、作者は不詳です。成立は十世紀の末から十一世紀の半ばごろまでのいつか、とされています。中には、作ったのは空海である、という説もあるそうですが、もしそれがほんとうなら、日本各地で温泉を掘り当てたり、いろは歌を作ったり、弘法大師さまって、ますますすごいお方ですね。

店の看板などに
今も使われている「変体仮名」

◆そば屋の看板

生曽波 ⟶ きそば

◆うなぎ屋ののれん

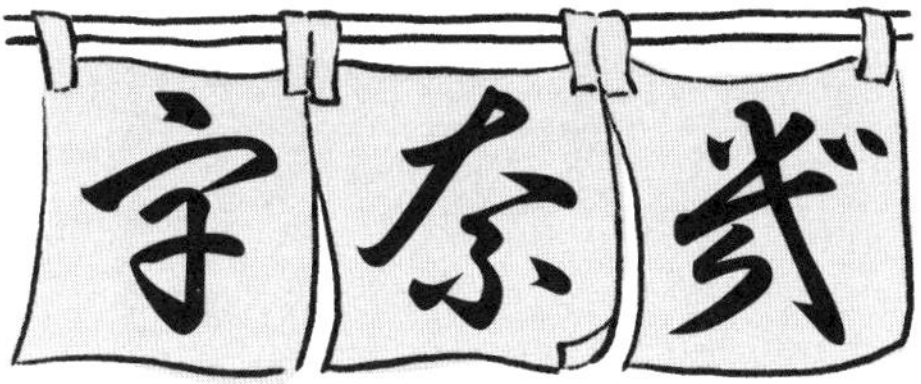

宇奈幾 ⟶ うなぎ

＊「ば」「ぎ」は変体仮名の右肩に濁点が振られている

いろは歌から五十音図へ

すごいけれど、いろは歌の惜しいところは、一覧性に欠ける点です。日本語という言語にはどんな音がどれだけ使われているのか、それをパッと見てパッとわかるように並べて見せたのが、五十音図、五十音表です。小学校の教室の壁に貼ってあったりして、国語教育を受けた日本語ネイティブにはおなじみの表ですが、改めて考えると、これもなかなかすごい。何がって、たいへんに理詰めで、隙も無駄もないのです。

あいうえお
かきくけこ
さしすせそ
たちつてと
なにぬねの
はひふへほ
まみむめも
や　ゆ　よ

らりるれろ
わ　を
ん

まず最初の行に、母音が五つ並ぶ。母音というのは、声帯の振動が、唇や舌などにじゃまされることなく、息とともに吐き出されて鳴る音です。舌の位置や口の開き加減によってその音色は変わるわけですが、それが現代日本語には五種類、ある。ちなみにこの五つという数は、世界の言語の中で、どちらかといえば少ないほうです。

そして二行めからは、その母音の前に各行ごとに共通の子音をくっつけた音（＝音節）が、やはり五つずつ並ぶ。まずは、ローマ字で書くとすればｋという子音を頭にくっつけた、カ行の音が並びます。ｋに当たる音は、舌のつけ根に近いほうをぐっと持ち上げ、口内の天井にくっつけていったん息をせき止めた後、そこに母音をともなった息を通すことで生成されます。つまり、この二番めの行に属する五名のメンバー、カキクケコは、縦にｋという子音を共有し、横には、各自、右隣のアイウエオと同じ母音を共有しているのです。

以下、サ行、タ行、ナ行……と、同様の手続きで作られているのが五十音表です。私の脳内イメージでは、おそろいの帽子をかぶった五人一組の子どもたちが、左手はまっすぐ前に伸ばし、右手は右隣の人の肩に乗せて整列しています。……か、かわいい。ちなみに、ア行の五人は、右隣がいませんから、右手は腰につけているわけですね。そして、最前列の人は左手を腰に。かわいいったら、かわいい。

ただ残念なことに、各組の五人の帽子の色は完全におそろいではなくて、微妙に違っています。各行の子音は、五つの母音のそれぞれの口の開き具合などに影響を受けるため、完全に同じ音色で発音されるわけではないからです。サ行でいえば、「さすせそ」と「し」では子音の作り方がかなり違います。いずれも舌を持ち上げて口内の天井との間に狭いすきまを作って出す摩擦音なのですが、その舌を持ち上げる位置が、「さすせそ」は舌の先のほうを上の前歯の裏あたりに近づけるのに対し、「し」だけはもっと後ろ寄りで舌の真ん中あたりを持ち上げるのです。タ行では、「たてと」と「ち」と「つ」の子音が違います。ハ行では「はへほ」と「ひ」「ふ」が異質です。

ヘボン式ローマ字は、そうした子音の違いを反映したつづりになっています。

sa shi su se so
ta chi tsu te to
ha hi fu he ho

「ひ」の子音が「はへほ」のそれと違うことは、あいにくヘボン式でもわかりませんけれども、「ひ」の子音の口の形を保ったままアイウエオを発音しようとすると、「ひゃ、ひ、ひゅ、ひぇ、ひょ」になりますから、やはり違う音です。また、完全におそろいに見えるカ行、ナ行、マ行、ラ行も、イ段の「き、に、み、り」の子音はやはりほかのメンバーと微妙にちがっていて、そのままアイウエオを発音すると、「きゃ」とか「にゅ」とか「りょ」のようになります。母音のイを発音しようとすると、どうしても舌の真ん中あたりが口内の天井に向かって持ち上がる形になるため、子音の発音も影響を受けるからです。そのことを表記に反映させたのが、小さい「ゃ、ゅ、ょ」を使った、「拗音《ようおん》」というわけです。最近では「ひぇ、にぇ」「じぇじぇ」のように、小さい「ぇ」を使った表記もふつうに見られるようになっています。

ともあれ、このようなちょっとした色調の違いに目をつむれば、帽子は九色です。

母音だけの組を入れれば全部で十色ですから、五人ずつ整列する子どもたちの数は全部で五十人になるはずです。が、ヤ行、ワ行の列は五人そろっていません。いろは歌にはあった仮名「ゐ、ゑ」に当たる音が現代日本語では「い、え」の音と区別されなくなったなどの理由によって、メンバーが五人そろわず、穴があいているのです。残念。

ですが、全体としては、じつに整然とした、お行儀のいい全校集会の情景ではありませんか。まことに組織的な秩序だった表です。これも、母音の数は五つであると見定め、さらに口の中で何が行われているかをじっくり観察し、各行に共通の子音の作り方を見出すという手続きを経て初めて作れたわけで、すごいことだと思います。発音しながら口の中を観察するというのは、ことにそれが生まれたときから無意識のうちに身についてきた母語であればなおさら、案外難しいことですから。

仮名はブレない、化けない

つぎに、このすばらしい仮名文字を実際に用いて単語や文をつづったときの、仮名と音との対応を考えてみましょう。仮名は表音文字です。表音文字というのは、音と文字が一対一で結びついているのが原則です。そして日本語の仮名は、堂々と表音文字を名乗ってよい文字です。ひるがえって、一般に表音文字の代表のようにいわれるアルファベットは、じつは音と文字との対応が一対一などではありません。とくに今、世界を覆いつくそうとしている英語において、そのズレは甚だしいものがあります。

たとえば、日本語の「あ」は、文字の名前も「ア」だし、いついかなる場所に現れても「ア」と発音されます。ところが、英語のaはどうですか？　文字の名前としては「エィ」ですが、単語の中では、じつにさまざまな音に化けます。cat, baby, all, eat, coat……すべて違います。

ところが日本語の仮名は、ほとんどブレません。化けないのです。化けるとしても、英語みたいに奔放な化け方はせず、一つの仮名文字につき、対応する音はせいぜい二つまでです。以下、文字をひらがなで、発音をカタカナで書くことにして、代表的な化け事例を挙げてみましょう。

①助詞の「は」（＝ワ）

②助詞の「へ」（＝エ）

③エ段長音の表記に使われる「い」（＝エ）
④オ段長音の表記に使われる「う」（＝オ）

①と②は意識しやすい例でしょうけれど、③と④は、とっさに何のこと？と思われるかもしれません。③は、たとえば先にもちょっと触れましたが、「丁寧（ていねい）」が実際には「テーネー」と発音される、つまりこの長音符の部分がイではなくエと発音されている、という例です。「時計（とけい）」「先生（せんせい）」「令和（れいわ）」、みんなそうです。自然な発音では「ケイ」「セイ」「レイ」ではなく、「ケー」「セー」「レー」というようにエの音になります。むしろ、エ段長音を発音のとおりに「え」とつづる単語のほうが数は少なく、「おねえさん」や、呼びかけの「ねえ」、あいづちの「ええ」「へえ」ぐらいしかありません。

そして④は、「ありがとう」や「どういたしまして」などの「う」が、実際にはアリガトー、ドーイタシマシテという具合に、オと発音されているという例です。このオ段長音も、発音通り「お」と書く単語のほうが少なく、「大きい（おおきい）」「遠い（とおい）」「通り（とおり）」「九つ、十（とお）」など、ごくわずかです。寅さんみたいな人に「ありがとうございます」などと言おうものなら、「アリが十ならミミズは二十歳！」なんて返されますけれど、あれも「とう」と「とお」の発音が同じだから成立するダジャレですよね。

右の四つは、一つの仮名文字が二つの音を持つというブレでしたが、反対に、二つの文字が同じ一つの音に対応するものがあります。これは①②同様、母語話者にも意識されやすいでしょう。

⑤助詞の「を」（＝オ）

たまに、とくに強調したいとき、たとえば「私が、じゃなくて私を、です！」などと言いたいようなときには、「を」を「ウォ」と発音することは、たしかにあります。「を」がワ行の一員であることの伝統が、現代にも息づいている感じですね。ですが、とくにそういう場面でなければ、「お」も「を」も、同じように発音されているはずです。

以上、仮名と音の対応が一対一でないのは、この五つの場合だけです。こまかいことを言えば、小さい「っ」と最後尾の「ん」も、単純に一つの音とは対応していないのですが、それにしてもこれほどまで「つづり」と「発音」のあいだに齟齬《そご》がないという特徴は、かなり自慢してよいものではないでしょうか。少なくとも英語におけるアルファベットの無軌道ぶりにくらべたら、じつにすっきりしています。日本語の表記において、たしかに漢字は難物ですけれども、どんな難読地名でも、どんな奇想天外なキラキラネームでも、フリガナさえ振ってあれば、だいじょうぶ。小学生でも、日本語を習い始めたばかりの外国人学習者でも、だいじょうぶ。簡単に、正確に、声に出して読むことができます。日本語は難しいだとか、いい加減だなどとは、この一事をもってしても言ってほしくないなあと思います。

逆に、仮名でどう書くかさえわかれば、どんなに小難しい漢字でも書けます、いや、打てます。パソコンやスマホでちょちょいと入力して、変換ボタンをピッと押すだけです。複数の変換候補から正しいものを選ぶ必要はありますが、とにかく「憂鬱《ゆううつ》」だろうが「薔薇《ばら》」だろうが、どんな画数の多い漢字でもへっちゃらです。ルーペのお世話にならずとも書ける。「毀誉褒貶《きよほうへん》（の激しい猫）」でも、「不撓不屈《ふとうふくつ》（でじゃれる）」でも、「堅忍不抜《けんにんふばつ》（の精神でご飯を待つ）」でも、ええとどんな字だったっけ?と迷うことなく、簡単に書け、いや、打てます。

ただまあ、そのせいで、近ごろの学生の書くレポートがひと昔前の手書きで書いていたころにくらべて、かなり黒っぽいという弊害はあります。やたらに難しい漢字が使われているのです。こないだなんて、留学生が書いてよこした作文の中で「聊か」という単語に出くわし、読み方に不安を覚えたわたくし、こっそり当てずっぽうに「いささか」と打って変換してみたら、変換候補に「些か」と並んで「聊か」が出てきたので、心の中でビンゴ！と叫びましたです。学生のレポートで、漢字の読みを試されちゃう日本語教師というのもどうかとは思いますけれど、単語の意味と正確な発音さえ頭に入っていれば、すなわち正確な仮名入力ができさえすれば、日本語を「書く」ことに、今や障害はないのだなあ、と思いました。

赤い靴はいてたギャルが女子会で……

ええと、本章の目的は「日本語スゴイ！」と思っていただくことでした。ここまで、音と文字についてお話ししてきましたが、つぎは単語レベルでも、ほう、と感心していただきたい。のではありますけれども、じつは日本語にはちょっと困った特徴があります。

類義語がやたらに多いのです。意味が似ている、あるいは部分的に重なる、そういった単語が多い。類義語が多いことの要因の一つには、「語種」がからんでおります。語種というのは、その単語の出自による分類です。ざっくりいって、和語・漢語・外来語、そしてそれらの二つ以上が組み合わさってできた混種語、この四種類の分類をいいます。たとえば「女」や「女の子」は和語、「女子」は漢語、「ギャル」は外来語です。そして「女子トイレ」や「ギャル男」は混種語ということになります。

このうちの「女の子、女子、ギャル」などは、ごく単純に英語に訳せばgirlということになりそうで、実際、意味的にかなり重なっています。類義語です。でも類義語はあくまで「類義」語であって、「同義」語ではありません。そもそも、完全に意味が同じ語というものは、言語の経済性からいって、存在しません。完全に「同義」の単語を二つも三つも覚えるのは、限られた脳みそ資源にとって負担でしかありませんからね。たとえ一時的には複数の同義語が存在したとしても、いずれ片方は使われなくなるのが自然です。生き残るとしたら、そこには必ず何らかの違いがあります。似ているように見えても、話しことばと書きことばで使い分けがあるとか、話者の年齢や職業などによって使用に偏りがあるとか、必ずどこかしらが違うものです。

「女の子、女子、ギャル」の三語も、似てはいても完全に同義ではありません。「女の子」ならともかく、「赤い靴はいてたギャル」は、たぶんおとなしく異人さんに連れられて行っちゃったりはしないでしょう。また、アラフォーでもアラフィフでも、なんならアラカンでも、当人たちさえその気なら何歳になっても「女子力」を磨いていいいし、「女子会」を開いて好きなだけビールの大ジョッキを空けちゃってかまいません。でも三月三日の雛アラレや白酒をおよばれしていいのは、やっぱり小学生ぐらいまでの「女の子」でしょうねえ。かくのごとく、「ギャル」と「女子」と「女の子」の間には、小さな、けれども厳然たる違いがあるわけです。

こんなふうに類義語があるため、日本語の単語は、数の上でかなり多いことになります。意味的にはすごく近かったり似ていたりするのに、互換はできない。そのため、記憶の負担が大きくなってしまいます。これを「日本語は語彙が豊かでいいね」とほめることもできないではありませんが、やはり学習者の身になってみれば、たいへんでしょう。

しかし！　その単語に漢字が含まれていれば、そしてその漢字の意味を知ってさえいれば、初見の単語でも意味が推測できる、という利点はあります。「女」と「子」

という漢字を知っていれば、「女子」は簡単に意味が推測できます。「女性」や「少女」も何とか理解できそうです。つまりこれらの語は「意味的に透明」なのです。使いこなすのは難しくても、読む分にはあっさり理解できます。ついでながら、その意味でも、外来語、カタカナ語は、外国人学習者泣かせです。「ギャル」もそうですが、原音とは似ても似つかぬ発音であるうえに、表記にも、理解の手がかりがない、つまり「意味的に不透明」なのですから。

よく引き合いに出される例ですが、たとえば「水族館」や「水力発電」なども、わりあい基礎的な単語と漢字、「水」「家族」「図書館」「力」「電気」などを知っていれば、なんとなく意味は類推できるでしょう。ですが、これらの語を英語で覚えようとしたら、たいへんです。aquarium とか hydroelectric とか、「意味的に不透明」な単語を丸ごと覚えなければならないからです。water だけを知っていても、類推のしようがありません。

というわけで、類義語が多いのはちょっとたいへんだけれど、反面、語彙を増やしていくたのしみもある、ということになります。うん、やっぱり日本語、ステキ。

整列する指示詞

あとは、そうですねえ、「指示詞」を見てみましょうか。これ、それ、あれ、っていう、アレです。代名詞として使えるし、「例のアレ、しばらくアッチにアレしといてくれる？」のように、何を指しているんだかよくわからないときにも、とりあえず使えてしまう、便利な単語群です。

ところで、「指示詞」というと名詞や動詞、形容詞などと同じく品詞の一種に見えますが、そこはちょっと気をつけてください。品詞とは違うのです。たとえば「これ」「ここ」は物や場所を指示する指示詞ですが、品詞としては名詞になります。「この」「あの」は体言（名詞など）にしか続かないので、品詞名としては連体詞と呼ばれます。つまり、品詞は活用などの文法的なふるまいによる分類ですが、指示詞というのは、それとはべつの、「指示する」という機能が共通であるという一点でひとくくりにされている団体名なのです。

で、この指示詞がどうステキかというのが、次ページの表です。いかがでしょう。五十音表もきれいでしたが、この表もなかなか統制が取れていますよね。頭には、コ・ソ・アというおそろいの帽子をびしっとかぶり、首から下は、

◇ステキな指示詞たち

指示の対象	近称	中称	遠称	（品詞）
物、こと	これ	それ	あれ	名詞
方向	こちら	そちら	あちら	
方向	こっち	そっち	あっち	
物、人	こいつ	そいつ	あいつ	
場所	ここ	そこ	あそこ	
ようす	こんな	そんな	あんな	ナ形容詞（=形容動詞）
ようす	こう	そう	ああ	副詞
指定	この	その	あの	連体詞

グループごとにおそろいの制服を着ています。わずかに「あそこ」だけが残念ですが、ほかには一つの乱れもないこの整いっぷり、すばらしいと思います。あ、副詞の「こう、そう、ああ」の列もちょっと乱れているように見える？　いえいえ、そんなことはありません。たしかに二つめの文字だけを見ると「う」と「あ」で統一がとれていないように見えるかもしれませんが、これは「長音」という制服なのです。「こ」「そ」というオ段の音、「あ」というア段の音、それぞれを「コー」「ソー」「アー」と伸ばしているという点では、やっぱりきっちりそろっております。

そろっているのは制服だけではありません。指示詞たちは、その動き方にも統制が行き届いております。表では仮に近称・中称・遠称という呼び名でくくりましたけれど、日本語の指示詞、コ・ソ・アの使い方は、空間的な遠近で決まるわけではありません。そうではなくて、話し手と聞き手の「縄張り」意識で考えたほうが説明がつきます。ごく基本的な用法として、コで始まる連中は話し手の縄張り内のものごとや人や場所を指し、ソで始まる連中は、聞き手側の縄張り内のそれを指す。そして、アで始まる一団は、話し手と聞き手が縄張りを共有したうえで、その外にあるものを指す、という具合です。

初級の英会話教室で展開されそうな「これは何ですか?」「それはペンです」のようなやり取りはもちろんこれで説明がつきますし、子どもに肩をもんでもらっているような場面で「そこじゃなくて、もちょっと右。そこそこ!」と言うような例も説明できます。たとえ自分の肩であっても、もまれている間は、もんでくれている相手の縄張りにあるわけですから。さらに「あの件はどうなっとるかね?」「あれでしたらもうあっちにあれしときました」のようなやりとりも、話題の事案が何であるかを話し手も聞き手も了解したうえで、今このときは両者の手もとを離れている、という意識を反映していると理解できます。

ことばなんて、説明のつかない現象もいっぱいあるものですが、そしてだからこそおもしろいものではあるのですが、こんなに整然とした指示詞たちを見ていると、掃除の行き届いた学生寮を眺めているようで、うむ、みごとじゃ、と拍手を送りたくなります。

家でいちばんエライのは?

単語レベルのお話では、もうひとつ、「親族呼称」を挙げておきたいと思います。

童謡に「サッちゃん」という歌がありますね。あの中で、彼女のほんとうの名前は「サチコ」なんだけど、自分のことを「サッちゃん」と呼んでいて、その理由は「ちっちゃいから」ということになっています。歌詞は「おかしいな、サッちゃん」と続きますが、サチコちゃん、ちっともおかしくなんかないんですよ。

今ここに、若い男女が出会って結婚したとしましょう。「○夫くん」「△子ちゃん」などとラブラブで呼び合っていた二人に、やがて子どもが生まれる。すると、あらふしぎ、いつの間にか二人は互いを「パパ」「ママ」と呼び合うようになる。そしてあっという間にときは流れ、やがて孫が生まれる。すると今度は、互いに「じいじ」「ばあば」などと呼ぶようになるのです。

呼び合うだけではありません。自分のことを指すときも同じです。子どもが生まれたとたん、○夫くんは「今日はパパがおむつ当番でちゅよ」と言ってみたり、初孫が生まれたとたん、△子さんは「ランドセルはばあばが買ってあげるからね」と宣言したりするのです。「じいじ」なんてこっぱずかしい、うちはちゃんと「おじいちゃん」と呼ばせておる、というように、多少の変異はあるでしょうけれども、大筋、こんなふうに呼称が変遷する家庭は珍しくありません。

これは、どういうわけか。日本語はやっぱりいい加減なのか？

いいえ。じつはたいへんすっきりした説明ができます。「家族の中で最も年若の者から見た呼称を、メンバー全員（本人も含めて）が使用する」という原則があるのです。子どもが生まれたら子どもの目から見て、○夫くんは「パパ」ですから、妻も夫を「パパ」と呼ぶし、○夫くん自身も自らを「パパ」と呼ぶのです。孫が生まれたら、その祖母を、孫世代はむろんのこと、子ども世代も、そして祖母本人も、「ばあば」と呼ぶのです。ではさて、サッちゃんは？　家族のみんながサッちゃんを「サッちゃん」と呼ぶ以上、右の法則を逆から見て、サッちゃんは誰が呼んでもサッちゃんなのです。「わたし」なんて言いません。だって家の中に「わたし」なんていう呼ばれ方をする人は一人もいないもん！

この「一番年少のメンバーから見た呼称を当該集団の全員が採用する」というルールは、日本語だけのものというわけではありませんが、でも日本語ではとくに強く作用しているようです。また、この現象は家族内に限りません。たとえば、小学校の先生がクラスで「はい、みなさん、先生のほう見て」と言うのもそれです。生徒から見て教師は「先生」なので、当の教師も自分を呼ぶ一人称に「先生」を使っている例です。ただしこれ、幼稚園や小学校低学年ならアリかもしれませんが、中高生相手に使うのは、感心できません。つまりは生徒を子ども扱いしていることになるわけですからね。きちんと「私」を使うべきだと思います。

この、教師が自称に「先生」を使う例は、日本語教育の講師控室などでも、ごくたまに聞こえてくるのですが、これは言語道断でしょう。成人相手の教育現場で教師が自分を「先生」呼ばわりするのは、完全にＮＧです。日本語学習者の日本語はどうしたってたどたどしいし、その人の母語によっては妙に子どもっぽい発音に聞こえることもあります。そのためについ子ども扱いしたいような意識になるのでしょうか。ごくまれな例ではありますが、そういう教師に出くわすと、鼻先にレッドカードを突きつけたくなります。

文法のない言語なんてない

日本語教師をしていると、日本語母語話者から、どういうわけだか、「日本語って難しいですよね」と言われることがよくあります。学習者からではなく、日本語ネイティブから、です。

うーん、なぜ？　日本語、そんなに難しいですか？　いや、そもそも、何と比べて難しいというのでしょう。

いつぞやは、日本語教師養成講座の受講生から、こんなことを言われたことがあります。

「英語はほら、文法がしっかりしてますけど、日本語って文法があってないようなもんでしょ。難しいですよね」

いや、あなた！　文法のない言語なんてありませんから！

でも、案外こういう感覚をお持ちの方は少なくないようです。たいていが英語を外国語として学んだ経験がおありで、しかも英語はなかなか身につかないとお嘆きの人々が、なぜこういう発想になるのか。現にペラペラしゃべっているご自分の母語を、なぜに難しいと思うのか。このへんの思考回路はじつに不可解です。

とにかく、文法のない言語なんてありません。すべての言語には文法が存在します。ただし、文法というのは、ルールブックのようなものではありません。文法という名のルールが先にあって、それにしたがってみんながしゃべったり書いたりする、そんなイメージがあるかもしれませんが、違います。文法というのは、「後からこねた屁理屈」です。現にしゃべられ、書かれたものから法則を見出し、なるべく簡単なルールでなるべく広範囲の現象を説明できるように整理した理論、それが文法なのです。

ですから、日本語の文法書はこれだ！という完全無欠、無謬《むびゅう》の一冊というものもありません。学者によって言っていることが違ったりもします。ただ、大方の賛同が得られたものが、「学校文法」とか「橋本（進吉）文法」というように、○○文法という名を冠して受け入れられているだけです。また、しゃべられ書かれる現実の日本語が変化していけば、当然のことながら、文法の記述も変わっていきます。何しろ「後からこねた屁理屈」ですから、文法は現象の後追いになります。そのため、現実の変化より遅れることにはなりますけれども、変わっていきます。

たとえば、たいていの国語辞典の巻末には動詞や助動詞、形容詞の活用表が出ていますが、多くの辞典で、その表は二段構えになっています。「文語」と「口語」です。ざっくり言って、文語は古い日本語、古典に使われている日本語です。そして口語は現代日本語です。そういえば古文の時間に暗記しましたよね、コ・キ・ク・クル・クレ・コヨ、カ行変格活用！とかって。めんどくさいなー、と思った記憶がおありでしょう。私は、思いました。今と全然違うじゃん、とも思いました。いつの間にやら違ってきたからなのですね。そして、そういう変化の果てに到達した、現代の日本語に合うように整理し直したのが、「口語」の活用表です。活用表が先にできていて、それに合わせてある日突然、古文が現代日本語に切り変わったわけではありません。

古文を習うときは、一生懸命暗記する必要がありました。なぜなら今使っている日本語とあまりに違うから、半分外国語みたいなものだから、です。でも現代語なら現に今ペラペラしゃべっているのですから、わざわざ活用表を見て話す必要はありません。でもだからこそ、逆に、「飲む」って何活用?と聞かれて、とっさに答えられる人は少ないはずです。それがために、日本語には文法がない、なんて妙なことを言い出してしまう人もいるのかもしれません。

文字の表が動詞の活用表?!

ここはひとつ、「わざわざ」見てみましょう、現代日本語の動詞の活用を。左に、いくつかの動詞の活用形を並べてみます。この中には、じつに美しい法則が隠れているのですが、見えますか?

歩かない―歩きます―歩く―歩けば―歩こう
行かない―行きます―行く―行けば―行こう
聞かない―聞きます―聞く―聞けば―聞こう

三つの動詞に共通している部分を取り出すと、つぎのようになります。

○かない―○きます―○く―○けば―○こう

そして、その先頭の文字だけを縦に読んでみると……？　「かきくけこ」！　はい、これがカ行五段動詞です。ほかの動詞にも、同じ手続きを踏んでみましょう。

泳がない―泳ぎます―泳ぐ―泳げば―泳ごう　＝ガ行五段動詞
話さない―話します―話す―話せば―話そう　＝サ行五段動詞
待たない―待ちます―待つ―待てば―待とう　＝タ行五段動詞
手伝わない―手伝います―手伝う―手伝えば―手伝おう　＝ワ行五段動詞

同様の作業を続けると、バ行には「学ぶ、遊ぶ、飛ぶ」、マ行には「飲む、からむ、頼む」、ラ行には「取る、散る、踊る」などなど、つぎつぎに仲間が見つかります。カ、ガ、サ、タ、バ、マ、ラ、ワの各行に、それぞれたくさんの「五段動詞仲間」がいるのです。なんとまあ。五十音表は仮名文字の表だとばかり思っていたら、動詞の活用表にもなっていたのです！　文字の一覧表が活用表としても使えるなんて、これはミラクルと呼びたい。

あ、たいせつな五段動詞を一つ忘れておりました。ナ行にもあるのです。ただし、ほかの行とちがって、ナ行の五段に活用する動詞は、たった一つきりです。それは、「死ぬ」です。「死ぬ」は、人が誰しもたった一度だけ経験する「変化」ですよね。ナ行五段活用の動詞がこの一語だけであるということに、何やら暗号めいたものを感じて、いつもこのことを考えるとき、ゾクッとします。

さて、右には五段活用の例を挙げましたが、日本語の動詞には、そのほかに一段活用をするグループと不規則な活用をするグループがあります。五段活用が五つの母音を全部使うのに対し、一段というのは、一段しか使わないという意味です。上一段活用と下一段活用がありますが、この「上」「下」というのは、ウ段を真ん中にしてその上か下か、です。つまり上一段はイ段、下一段はエ段しか使わない動詞という意味です。上一段活用の動詞は、「見る、起きる、信じる」のように、「み、き、じ」というイ段の音が、どう活用しても変わりません。下一段活用の動詞は、「食べる、寝る、覚える」などで、「べ、ね、え」というエ段の音が不変です。

見ない―**見**ます―**見**る―**見**れば―**見**よう
起**き**ない―起**き**ます―起**き**る―起**き**れば―起**き**よう

食**べ**ない―食**べ**ます―食**べ**る―食**べ**れば―食**べ**よう
寝ない―**寝**ます―**寝**る―**寝**れば―**寝**よう

では残る不規則な活用をする動詞はというと、なんと、不規則活用のグループに所属する動詞は、たったの二つしかありません。「来る」と「する」の二つだけなのです。大方の日本人は外国語としてまず英語を学んでいると思いますが、英語の不規則動詞、そりゃもうたくさんありましたよね。覚えるの、大変でしたよね。それにくらべたら、日本語の動詞はなんとシンプルですっきりしていることでしょう。活用の類型としてはたった三種類、しかも不規則な活用をする動詞は二つだけ、あとは五段活用にしても、一段活用にしても、全部規則的なのです。なんとお行儀のよいこと。外国語として日本語を学ぼうとする人にとって、動詞の活用のこのすっきり加減は、福音ではないかと思います。

そしてすべての、ほんとうに例外なくすべての動詞は、その終止形（日本語教育では「辞書形」と呼びます）が、ウ段で終わっています。五段活用だろうが一段活用だろうが、そして不規則動詞だろうが、全部、です。「じゃれる、引っかく、壊す」の「る、く、す」も、「食う、寝る、遊ぶ」の「う、る、ぶ」も、「来る、する」の「る」も、最後は全部ウ段です。つまりローマ字で書けば、末尾はすべてuになるのです。みなさんが習ったことのある外国語ではどうですか？　すべての動詞がこんなふうに全部きれいに同じ音で終わっているなんていうことがありますか？

日本語は案外すっきり系

形から品詞がわかるということでいえば、形容詞もそうです。現代日本語の形容詞は、名詞の前につくときの形が「〜い」と「〜な」の二種類です。もちろん古い日本語から化石的に残って形容詞的な働きをする語もあるにはありますが(たとえば「恋々たる」「大いなる」)、日常一般の会話に使われる形容詞はほぼすべて、この二種類でまかなわれています。日本語教育では、名詞につく形が「い」で終わるものを「イ形容詞」、そして、「な」で終わるものを(国文法では形容動詞と呼んでいますが)「ナ形容詞」と呼びます。「小さい(手)」「長い(しっぽ)」「美しい(猫)」「賢い(犬)」がイ形容詞、「きれいな(毛並み)」「お茶目な(わんこ)」「キュートな(子猫)」がナ形容詞の例です。

動詞と形容詞という、言語の中でメジャーな位置を占める単語群において、このように「形」が整っているというのは、すばらしいことではないでしょうか。このおかげで、形を見れば品詞の見当がつきます。品詞の見当がつけば、多少知らない単語がまじっていても、文全体の意味はおぼろげなりにも推測できます。外国人学習者にとって、日本語は非常に親切な言語だといえましょう。

ほかにも、修飾語はつねに必ず被修飾語より前に来る、などというのも、日本語のじつにキッパリした性質です。また、敬語や受け身表現など、主語を省略しても意味が通じるいろいろなシステムを持っています。先に見たとおり、書記体系については日本語はたしかに複雑です。でも、文法という点から見れば、日本語は、かなり理の勝った、すっきりさっぱりした性質の言語であると思います。

なのになぜ、「日本語って難しい」などと、当のネイティブに言われてしまうのか。それぞれの言語は、それぞれの言語なりに、難しかったり、やさしかったりするはずです。「ことばって難しいですよねえ」なら、同感です。さらには「難しいけどおもしろいですよねえ」なら、大賛成！　日本語は難しいと言いたがる人は、心のどこかに日本語はトクベツ、と思いたい気持ちが隠れているのかもしれません。だから片言でも日本語をしゃべる外国人に出会うと、つい「日本語お上手ですねえ」とほめちぎり、同時に、内心では「こんな難しい日本語をしゃべれるなんて、すごいね、キミ」と、一種裏返しの優越感のようなものに浸っているのかもしれません。

そんなややこしい、もってまわった自慢をすることはありません。日本語はとても整然とした文法体系を持つ、わかりやすい（＝学びやすい）言語の一つなのです。自慢したいのであれば、そこのところを、もっとすなおに自慢していいと思います。

第2章

止まらない敬語

書店にずらりと並んでいる日本語本、その売れ筋は敬語だそうですね。これだけマスター社会人の敬語、成功する就活の敬語、愛される敬語、猫でもわかる敬語（これはないか）などなど、さまざまなタイトルがこれでもかというほど並べられています。私も本書にはぜひともお売れになっていただきたいので、ここでちょっと敬語ネタを取り上げておきたいと存じます。

「お前」って失礼ですか？

ラグビーにもオリンピックにも、まったく血も湧かないし肉も躍らないスポーツ音痴のわたくしですが、一度だけ、野球場で野球を観戦したことがございます。投げる人が投げた球を、棒を持った人がひっぱたいてなるべく遠くに飛ばし、それが誰の所属にも帰さないうちにひっぱたいた人が場内を一周できれば、ひっぱたいた側に点が入る、という程度の知識しかないのですけれども、それでもじゅうぶん楽しめました。夕暮れどきの群青色の空、見上げればその空は思いのほか広く、下のほうでは豆粒みたいな選手たちが超人的な身体能力を発揮して跳んだり走ったりしている。そんな天地の情景をながめながら飲むビールは、たいへんけっこうでありました。そして、もう一つけっこうだったのが、応援合戦であります。

あれ、たのしいですね。広いすり鉢状の客席にみっちり詰まった大観衆から地響きのごとく湧き上がる歓声は、鳥肌が立つようなすごみがありました。さらに、試合なんかろくに見ないで応援に専念しているらしき献身的な人（団長さん？）がいて、その人の号令一下、人々は立ったり座ったり、うちわを振ったり、歌ったり、じつに統制の取れた応援が繰り広げられている。あの応援シーンを見るためだけにでも、球場に足を運ぶ価値はあるな、と思いました。

ところが、少し前、その応援について少々残念なニュースが流れてきました。某球団の監督さんが、応援歌の中で選手を「お前」と呼ぶのは、いささか礼を失するのではないか、やめてほしい、と苦言を呈したそうな。ために、応援団はその歌を使うのを自粛し、そんなこんなで応援風景がなんとなく元気のないものになってしまった、という話でした。

いっとき話題になりましたから、覚えておいでの方もいらっしゃいましょう。話題になる中で、「敬意逓減《ていげん》の法則」などという、日ごろ聞きなれない専門用語も飛び出しました。「逓減」とは、少しずつ減ること、です。つまり「敬意逓減」とは、長年のうちに、当初そのことばに込められていた敬意が少しずつすり減ることをいいます。するとこういうときにままあることですが、さっそく早とちりする人が現れました。「ああ、やっぱりね。日本人はだんだん丁寧な話し方をしなくなるんだね。日本語、どうなっちゃうのかね」と嘆くような言説がネットに流れました。

いえいえ、違います。逆です。敬語が廃《すた》れるんじゃなくて、敬意がすり減るのです。つまりそれまで使ってきた敬語ではじゅうぶんに敬意を表せないような気がしてきて、もっと敬意を盛り込んだ表現が必要だと感じるようになるのです。応援歌の例でいえば、「お前」という単語にもともと込められていた敬意がすり減って、相手を「お前」と呼ぶことがむしろ失礼に響くようになってしまう、そういう現象です。その結果、敬語は減るどころか、むしろ往々にしてくどく、しつこく、なっていきます。

たとえば、プレゼントなどの所有権を移転するときの動詞、「あげる」を例にとりましょう。もともとは文字通り「上げる」、つまり下から上、下位者から上位者に向けて、何かを進呈する行為でした。でもやがて上下関係のない間柄、たとえば相手が友だちや自分の家族であっても「あげる」を使うようになり、今では、(完全に下位者であったはずの)ペットや植木鉢のゼラニウムにエサや水を与えるときにも、「やる」

ではなく、「あげる」を使う人のほうが多数派になっています。また、そういう人たちは、「エサ」や「水」などという単語もそのまま使うことはしません。かわいいゼラニウムには「お水」をあげなくちゃ、と言っていそうだし、愛しのポチには、そろそろ「お食事」をあげる時間ね、と言っていそうです。「さしあげる」と言い出す時代も、すぐそこかもしれません。あいや、猫ブログなどを見ていると、猫さまのお世話にいそしむ人々は、すでに日常的に「お食事」を「さしあげる」と使っています。

さて、「お前」に話を戻します。「お前」は「御前」です。本来は上位の人を敬って呼ぶ語でした。それが、長く使われているうちにそこに込められていた敬意がすり減ってしまい、やがては対等の者に使われるようになり、ついで目下の者や子ども、しまいには犬猫を呼ぶ際に使われるようになり果てたのです。ですから、監督さんがたいせつな自軍の選手たちを、いくら応援のためとはいえ、犬猫を呼ぶように「お前」呼ばわりされるのはいやだ、と思った気持ちも理解できます。

どうすればいいのでしょう。すり減った分の敬意を補う表現が必要です。「さま」をくっつけるのも一手ですが、「お前さま」だと中世の小袖を着た女房が戦《いくさ》に出かける夫に言うみたいです。原義に立ち戻って「御前」を「ごぜん」と音読みしてもいいかもしれませんが、言ったとたんに、野球帽をかぶった水戸黄門が出てきそうです。さらにそれに「さま」をつけると、終電を逃した「午前様」になっちゃって、さらにまずい。第一、字余りです。「お前が打たなきゃ誰が打つ！」というリズムにおさまりません。

さて、どうするか。コトの起きたのが中京地区でしたから、「おみゃあ」なんていうのがいいかもしれませんな。たぶんとっくにどこかでネット民が提案していることだろうと思いますが、わたくし、ここに賛成の一票を投じたいと思います。歌詞の拍数にも合うし、敬して遠ざける冷たさもなく、ちょっと馴れ馴れしい響きはあるものの、味噌カツに似た濃いめの球団愛が感じられて、なかなかいいんじゃないでしょうか。

「いただく」＝「食べる」？

敬意逓減の法則は、料理番組にも見られます。作る気も能力もないくせに、しばしば料理番組を鑑賞するのでありますが、見ていてどうも気になるのが、「いただく」の使われ方です。番組のホストや料理人がゲストに向かって、「どうぞいただいてみてください」のように言うんですね。それも、けっこう頻繁に。

　どうやら「食べる」の丁寧語として使っているつもりらしい。しかし、「いただく」は謙譲語です。あくまでも話し手側が自分や自分の身内の行為を低めていう謙譲語です。食べようとする客の側が、供されたものについて「これ、いただいてみていいですか」とか「じゃ、いただきます」というように使うべき動詞です。もてなす側の立場で、お客さんの行為に使う動詞ではありません。

　たとえばパーティの主催者が言うとして、「本日は食べ放題でございます。みなさま、どうぞご自由に〜」のあとに入れられるのは次のどれでしょうか。

A　お召し上がりください。
B　いただいてください。
C　ご賞味ください。
D　召し上がってください。

A、C、Dはどれも問題ありませんが、Bは規範的な使い方とはいえません。発話者本人もごちそうされる側の人であるかのように聞こえてしまいます。

「規範的な使い方とはいえません」などと奥歯に何かはさまったような言い方をしましたが、ほんとうなら、「間違いです！」と断言したい。実際、これがマナー教室とか国語のクイズとかだったら、断言していいと思います。しかし、現実の日本語使用場面では、この「誤用」がかなりの勢いで広がりつつあるのを感じるのです。早晩、誤用とは言い切れなくなる日が来そうな予感がします。

もともと「いただく」に含まれていた敬意、この場合は自分を低くすることによって相対的に相手を持ち上げることになるわけですが、そうした敬意がすり減ってきたのでしょう。単に「食べる」のちょっと丁寧な言い方である、という認識が広まりつつある気がします。

先日は、都内のレストランの店頭の案内に、「通常一万二千円のディナーコースが○月○日まで九千八百円でいただけます」と書かれているのを見かけました。旅先でフンパツして入ったホテル内の和食店では、上品な着物姿の仲居さんから「まずは塩だけでいただいてみてください」と、てんぷらをすすめられました。さらに、ある友人は、ちょいとおしゃれなお店で、前菜を運んできた店員さんにこう言われたそうです。

「こちら大根餅と有頭海老の××です。海老は頭までいただけます」

うう む。

「いただく」は、もともと何かを頭上に置くことです。「雪をいただいた富士山」というのがそれです。うわ、白髪が出てきちゃったよ、というときも、「私も頭に霜をいただく年齢になりましてね」と余裕をかますのに使えます。ついでにご紹介すれば、私は草や虫や鳥を見るのが好きなのですが、キクイタダキという、それはもう愛らしい小鳥がいます。めったにお目にはかかれませんけれども、この鳥、頭にちょこんと菊の花を乗せたような模様があります。キクイタダキ、すなわち「菊戴き」です。

で、そんな「頭上にささげ持つ」というところから転じて、何かを頂戴する、拝領する、という語義が生じました。ですから、「いただく」ものは何も食べものに限りません。菊の花でも霜でも勲章でも、あるいはお小言でも、いいはずです。しかし、どういうわけか、先述のような誤用（今のところはまだ誤用と言いたい）を見かけるのは、料理番組やレストランなどの、食べる行為にかかわる場面がほとんどなのです。

たとえば何かの説明会やイベントで、司会者の発言や貼り紙などに「資料がご入用の方は一部五百円でいただけます」だの、「参加賞はお帰りの際にいただいてください」だのとあってもよさそうなものなのに、ふしぎなことにそうした飲食に関係のない場面では、あやしい「いただく」を見聞きした覚えがありません。

なぜ飲食の場面に限って、謙譲語だったはずの「いただく」が、単なる丁寧表現として使われてしまうのか。保育園、幼稚園のときから、食事のたびにきちんと「いただきます」と手を合わせてきた国民にとっては、食べ物はどこか高いところからくだされるありがたいもの、という意識が染みついているのかもしれません。だから自分が食べるときはもとより、客の行為にも、つつしんで「いただく」という動詞を使うのである。——なんていう説明で済めば、話はきれいですね。お百姓さんや漁師さん、料理してくれたコックさん、はたまた頭ごとかじられる運命を受け入れてくれたエビさん、それらすべてに対する敬意のゆえなのである、と。

あるいは、食欲という生々しくも原初的な欲望を満たす行為を表現する動詞の場合、その生々しさを軽減するための丁寧な表現が必要だと感じられて、その分、敬意逓減の法則が強く働くのかもしれません。とにかく飲食場面で、丁寧に言おうとするがゆえの誤用（＝現時点での不適切な表現）が目立つ気がします。

背ワタを抜いてあげる

もう一つ、敬意がすり減ったために敬語がくどくなる事例を見てみましょう。「〜てあげる」です。ずいぶん前のことになりますが、アトランタ五輪でマラソンの有森裕子選手が、試合後のインタビューに答えて、「自分で自分をほめてあげたい」と言ったという話が、ひとしきり世間をにぎわせました。実際の発言は、「自分で自分をほめたい」だったそうですが、彼女ぐらいがんばった人であれば、たとえ「ほめてあげたい」と言ったのだとしてもかまうことはありません。どうぞほめてあげてくださいと、こちらからご本人にお願いしたいくらいなものです。

ケチをつけたいのは、有森さんではなくて、料理番組などで料理人が鍋のイモをころがしながら、「このまま二十分ほどじっくり煮てあげます」なんていう、あの「〜てあげます」です。「エビは背ワタを丁寧に抜いてあげましょう」なんてことも言っています。

まだしも園芸番組などで「枯れた葉はまめに除いてあげましょう」などというのは理解できます。植物に対する愛情の発露でしょうからね。ですから、たとえ植物にとっては残酷な痛い処置であっても、大きな花を咲かせるためには「つぼみを減らしてあげた」ほうがいいでしょうし、愛する盆栽ちゃんの健康のためには、余分な枝は「ばっさり切ってあげる」必要もあるのかもしれません。

解せないのは、イモの煮っころがしやエビの下処理に登場する「〜てあげる」です。そこに愛はあるのか？　ぐつぐつ煮られるイモだの、背ワタを抜かれるエビにとっては一向にありがたくない「思いやり」ではありませんか。たしかに、相手に害を及ぼそうというときに使う「やる」もあることはあるのですが、この伝でいくと、そのうち「この野郎、ぶっ殺してやる！」なんてセリフも「ぶっ殺してあげる！」になるのでしょうか。ここはあっさり、「煮ます」「抜きましょう」と言っていただきたいものです。

とにかく料理や食べ物の周辺で敬意逓減の法則は強く作用し、ために、表現がくどくなる傾向がある、とはいえそうです。

便利だけどうっとうしい「させていただく」

本書をお手に取ってくださるくらいの方でしたら、もう、この見出しを見ただけで、「ああ、あれね」とウンザリなさるお人も少なくないことでしょう。この二十年あまりで一気に、かつ全国的に市民権を得た謙譲表現です。自分の行為について、「する」「行く」「言う」などと言い切るのがはばかられるような場合、以前は「いたす」「まいる」「申す」という謙譲語を使えば、それでじゅうぶんでした。それが近年では、「させていただく」「行かせていただく」「言わせていただく」と、一歩も二歩もへりくだった言い方をするのが、ごく当たり前になってきました。ときにはこれを謙譲の動詞にくっつけて「いたさせていただく」「まいらせていただく」のように、さらにコテコテと念入りに謙譲なさる人もいます。

この言い回しは、関西の商人ことばから発展してきたといわれています。ですから、これに抵抗を感じるかどうかは、その人の母方言《ぼほうげん》（幼児期に自然に獲得した方言）が東西どちら寄りかにもよるようですが、することなすこと、ことごとくに「させていただく」を使うのは、やはりいささか耳に障ります。分解すれば、この表現は使役動詞の連用形（日本語教育では「テ形」と呼んでいます）に、前項で取り上げた謙譲の動詞「いただく」をくっつけたものです。なぜここで使役などという要素が出てくるのか。それは、「私が（勝手に、自由に）スル」のではなく「あなたが（許可して）私にサセル」ということなのです。そして、そういうありがたい許可を「いただく」

のが、「させていただく」という表現の本質です。

　ですから、繁忙期で同僚がヒイヒイ言っているときには、真正面から「休みたいんですけど」と言うより、「休ませていただきたいんですけど」と言ったほうが有休は取りやすいでしょう。あるいは、猫さまご愛用のタオルケット、ご愛用の度が過ぎてもういい加減に洗わなくちゃ、きょうを逃すとまた雨続きだ、という局面において、「あのう、そろそろ洗わせていただけませんか？」と聞くのも、（相手の猫が日本語を解するかどうかは別として）まったく適切な日本語であります。職場の同僚、あるいはいっかなタオルケットから降りようとしない猫、そんな相手に許認可を求める必要があるからです。

　でも、「初めて出場させていただいて、ドキドキさせていただきました」は、どうでしょう。これ、その分野では登竜門といわれている狭き門を突破してコンテストに出場した歌い手さんが語ったことばです。あるラジオ番組で耳にしました。しかしそのコンテストは、出場したいと駄々をこねれば出られるというものではないわけでしょう？　あなたがその実力で勝ち取った出場権なのだし、ドキドキという生理現象に至っては、いやもう、誰の許認可も必要ではありますまい？

お金を出して買った印刷物を読み捨てるというのがどうも性分に合いませんで（根がケチなんですな）、週刊誌を買って読むという習慣はないのですけれども、歯医者さんの待合室などで週刊誌をパラパラめくっていると、ほんとうにもうこの手の、許可なんか要らないはずの「～させていただく」がずらりと並んでいます。どうやら実際にはクビを切られたというほうがふさわしい状況において、「卒業させていただくことになりました」と引退を発表するアイドル。「二年ほど前からおつきあいさせていただいてまいりました」と、お互いをえらく尊敬し合っているらしい芸能人カップル。はたまた、「現在取り調べに応じさせていただいておりますので……」と、記者の質問に対して回答を拒否する芸能事務所の代表。最後の例などは、むしろ応じるように令状をちらつかされたりしているんじゃないですか？

二種類の謙譲語

でも、こうまで「させていただく」が蔓延《まんえん》してきたのには、もっともな理由があります。それは、便利だから、です。

自分の行為をへりくだって述べるのが謙譲表現なわけですが、じつは「へりくだる」

にも二種類あるのです。その行為に関連してへりくだるべき相手がいる場合と、とくにそのような相手がいない場合、です。二〇〇七年に、文化庁の文化審議会というところが新たな「敬語の指針」を発表しました。それまでひとくくりにしていた謙譲語を二つに分け、後者の、へりくだる相手がいない場合を「丁重語」と名づけました。この丁重語の代わりとして、「させていただく」は便利に使えるのです。

どういうことかと言いますと、たとえば、「行く」に当たる謙譲の動詞として、「伺う」と「まいる」があります。「伺う」は、行き先にうやまうべき相手がいて、その人に対して自分の行為をへりくだって述べる表現です。正真正銘の謙譲語です。一方「まいる」には、その行為に直接かかわってへりくだるべき相手はいません。単に目の前の話し相手に対して、私は私の行為を丁寧に表現しようとしていますよ、というメッセージを発しているだけの「丁重語」です。たとえば、行き先が「恩師のお宅」である場合、「伺う」でも「まいる」でも、大した違いは感じられないかもしれません。が、行き先が「お手洗い」だったら、どうでしょう。「さきほどお手洗いにまいりましたら、ひどく込んでおりまして」には何の違和感もないでしょうが、「さきほどお手洗いに伺いましたら……」はどうですか？　変ですよね。トイレに何か尊敬すべき神さまでも鎮座ましましているようです。

つまり、自分の行為をへりくだって丁寧に表現する方法として、じつは二種類あるわけですが、右に述べた「伺う」と「まいる」の違いも、言われるまでは気づかなかった、という方は多いのではないでしょうか。この違いには気づきにくいうえに、別々の表現を覚えなければならないという記憶の負担もあります。その点、「させていただく」は、とりあえず自分の行為全般に（使おうと思えば）使えてしまうのです。とっさに「伺う」が出てこなくても、「まいる」が思い浮かばなくても、はたまたどっちを使うか迷ったら、「行く」の形を変えて「行かせていただく」と言えばＯＫです。行き先が恩師のお宅だろうが、居酒屋のトイレだろうが、使えます。便利なのです。それで、相手がいてもいなくてもかまうもんか、とにかく自分の行為には全部使っとけ、ということになったのではないかと思います。

手抜きといえば手抜きですが、しかし、まあ、卒業させていただくアイドルや、おつきあいさせていただく芸能人カップルのような例は、よしよし、とにかく何が何でも丁寧に言いたいんだな、許可なんか要らないから自由にやってくれたまえ、と鷹揚《おうよう》な気分で見過ごすことができます。見過ごせないのは、左の例であります。

一国の首相がいつ誰と会ったかというのは、少なくとも公務中については、たいせつな公的記録として永久保存すべきだろうと思うのですが、「来訪者の面会記録は都度破棄させていただくことになっております」って、えっ？　国民として私はそんなことを許可した覚えはありませんぞ！と言いたい。というか、国民が何も言わなくても、優秀な官僚のみなさんが、大事な記録はきっちりいつまでも保存してくださっているものと、無邪気に信じておりました。そして、「県民のみなさまのお気持ちに寄り添い、引き続き、丁寧な説明をさせていただきたいと思います」とおっしゃる方、あのお方には、わかりやすく簡単明瞭な説明をぜひぜひお願いしたいと思っております。「引き続き」じゃなくて「今度こそ」ですよね、とツッコミたい気持ちを抑えつつ、とにかく、お願いします。ただし、「寄り添わせていただきたい」と言われたら、んー、そこは全力でご遠慮申し上げさせていただきたいかな。

「はじき」と「おはじき」

名詞や形容詞の頭に「お／ご」をつけると、上品で丁寧な印象が生まれます。敬意や謙譲の意を込めてつけるものもありますが、単に話の品位を保つため、ものごとを美化して述べるためにくっつけるもの（美化語）もあります。

おつまみ、お酒、ごちそう、ご返杯
お美しい、お静か（に）、おみごと（な）、ご機嫌（で）

また、古めかしい語や神仏に関わる語に限られますが、「み」にも同じような働きがあります。これは平仮名で書くことは少ないので、漢字「御」で示します。

御心《みこころ》、御子《みこ》、御仏《みほとけ》、御許《みもと》

でも、中には、「お／ご／み」がその語にぴったりくっついていて、今さら取り外しができないものもあります。たとえば「ごちそう」などは、現代では「ちそう」と言う人はほとんどいません。また、「おみくじ」は、漢字で書けば「御御くじ」です。「お」と「み」の二段重ねで、「くじ引き」の「くじ」とは意味が分化しています。

同様に、とくに上品で丁寧なことばづかいをするつもりなどなくても、「お／ご」

込みでないと、その語にならないものも少なくありません。

　ご飯、おやつ、おにぎり、お腹、おまけ、お手洗い

「おみくじ」と「くじ」もそうですが、「お手洗い」（＝場所）と「手洗い」（＝行為）、「おにぎり」（＝遠足のお弁当に持って行くお手軽フード）と「にぎり」（＝おすし屋さんで出てくるお刺身の乗った食べ物）のように、意味が完全に分化している語もあります。丁寧に言いたくない気分のときでも「お腹」を「なか」と言っては意味が通じないし、「ご飯」を「はん」と言うのも、やはり通じません。「はら」とか「めし」という別の語が必要になります。逆に、いくら上品にふるまいたいからといって、すし屋のカウンターで「おにぎり」を注文したら、帰れ！と怒鳴られるかもしれません。中でも、「おはじき／はじき」などは、ずいぶん極端な例です。お子さんが「はじき」で遊んでいたら、パパもママも焦るでしょうな。

　さらに、別語にはならないまでも、「お／ご」をくっつけることによって、単独で使われるときとは別の印象が生まれる語もあります。「余計なお世話！」の「お」が、

その例です。「世話」を、上品で丁寧に言いたいわけではありませんよね。むしろ皮肉、むしろ逆の意味になります。同様の例はほかにもあります。

お上品（ぶる）、ご立派（なことだ）、ご丁寧（に恥の上塗り）

また、特定の方向に意味を発展させる場合もあります。

お寒い（実情）、お熱い（仲）、お安い（御用）

ですからまあ、何でもかんでも「お／ご」をつければ丁寧になるというものではないわけです。

ところで、漢字で書けばともに「御」となるこの小道具、「お」と読むか「ご」と読むかですが、一応のルールはあります。「お」は和語に、「ご」は漢語につけるのが原則です。でも、音読みでも「お相伴《しょうばん》」、和語でも「ごゆっくり」のような例外もあります。「電話」は音読みの漢語ですが、「ご電話」とはめったに聞きません。「返事」

は両方ありますね。「返りごと」という和語から作られた漢語という出自もあるのでしょうが、「お返事／ご返事」、両方聞くと思います。「お相伴」も、「ご相伴」ということがあります。

「おフランス」と「おニュー」

そして、外来語には、あまり、いやほとんど、つきません。カタカナ語に「お／ご」がつく例は、きわめて少ないのです。

おソース、おビール、おズボン、おトイレ

私がパッと思いつくのはこれくらいです。ソースとビール、やっぱり飲食系の単語には丁寧に言いたい気分がついて回るんでしょうか。そしてトイレ。食べたら出す、という生々しい生理現象に関わる空間を表す語にも、敬意逓減の法則は働くのでありますね。排泄のための小空間をどう呼ぶかは、日本語に限らず、いろいろな言語でいくつものバリエーションが生まれるようです。

ふしぎなのは「おズボン」です。「おスカート」とも「おシャツ」とも言わないのに、なぜズボンだけが「お」を要請するのであるか。説明できる理屈が、私には思い浮かびません。

「ズボン」はフランス語由来だそうで、『日本国語大辞典』によれば、初出の用例は『西洋道中膝栗毛』（一八七〇〜七六）で、「チョッキ」「マンテル」と並んで出てきます。日本語に入ってきた時代が古いため、和語同様に「お」を招きやすいのかもしれませんが、同じ文献に出ている「チョッキ」「マンテル」の場合、「おチョッキ」とも「おマント」とも言いませんし、もっと古く十八世紀初めにポルトガル語から入ったとされる「カッパ」を「おカッパ」とは言わないことから、やっぱり説明はつきません。ちなみに、雨具の「カッパ」はポルトガル語由来で、川の淵に生息する「河童」や、そこから来たヘアスタイルの「おかっぱ」とは別語です。

ともあれ、カタカナ語に「お」のつく例は少なく、また右の諸例の場合、つけない形も使われるので、語としての独立性は高い。でもカタカナ語にも「お」が一体化した例がわずかながらあります。

いささか古めかしい感じですが、「おセンチ（な気分）」というのがそれ。そして、変わったところでは、「おフランス」。この、持ち上げておきながら、同時にくすっと小さく笑う感じ、これもまた、美化語の持つ、もう一つのたいせつな表現性ですよね。フランスという国ならではの、世界が納得するオーラがあるからでしょう。

そんな数少ない「お＋カタカナ語」の中で、わりとよく使われているのが、「おニュー」ではないでしょうか。今どきの若い人たちは使わないかもしれませんが、私は使います。「ニュー」は、「ニューフェイス」のように複合語の成分にはなりますが、「ビール」や「ズボン」と違って、「ニュー」単独では使われません。やはり「おニュー」全体で、分解不可の表現になっているのでしょうね。英語のnewに「お」がついた、と考えると、何とも珍妙ですが、でもこの表現、かわいらしくて、私は好きです。幼いころの私は、やたらに成長が早くてすぐにサイズが変わるため、値の張るおしゃれな服や靴は、なかなか買ってもらえませんでした。さんざんねだって黒いエナメルの靴を買ってもらったときは、そのぴかぴか光るおニューの靴を玄関土間に下ろすのがもったいなくて、上がり框《かまち》に腰かけて足を浮かせたまま、ずっとながめていました。あのウキウキ、ドキドキ、晴れがましい気分、あの気分は、どうしたって「あたらしいくつ」じゃ表せない。ちょっとおセンチな思い出です。

第3章

遊べる日本語

正しいとか正しくないとか目くじら立てるより、おもしろがったほうが勝ち。ことばは武器にもなるけれど、おもちゃにもなります。言い間違えたり聞き違えたり、誤解したり誤解したふりをしたり、ルールがあるなら、そこには破る楽しみもあるというもの。日本語にもそりゃあ足りないところや不便なところはありますが、そこを逆手にとって遊ぶのも一興です。

音で遊ぶ

いろいろとやりくりがつかなくなって頭からケムリが出ていたある年の暮れ、大みそかの晩にみそを仕込みました。

おおみそかに、みそを仕込む。

みそかみそ。

ヘタなシャレですな。

なんでそんなおバカな事態に立ち至ったかといいますと、師走に入って実家の母の顔を見に帰った折、ついでに麹《こうじ》を買って来ました。わがふるさと高山という町は造り酒屋の多いところでして、市内には麹屋さんも何軒かあるのです。しかし麹はなるべく早く使わないと、自らの発酵熱で「焼けちゃう」のだそうです。だから、早くしなくては！と焦ったのでした。

おかげで、ただでさえ切羽詰まっていた年の瀬のあれこれはますます切羽詰まることになりましたけれども、遠く除夜の鐘が聞こえてくる深夜の台所で、茹でた大豆をひたすらつぶしながら、「みそかにみそかみそ」とつぶやくと、なんだか妙に元気が出てきて、おかげでたのしく作業ができました。

ダジャレは人生を救う。

ここはひとつ、ダジャレがいかにして生成されるものであるか、大まじめに考えてみましょう。

ある言語の中で、意味を弁別するために使われる音を「音素」と言います。たとえば、「酒」という単語は、「サケ」と発音するわけですが、その「サ」を、英語のthのように上下の歯に軽く舌をはさんで発音したとしても、ほとんどの日本語母語話者の耳には、「酒」と言ったように聞こえるでしょう。音声記号で書けば別の音であっても、日本語の中では意味の違いに関与しない、すなわち音素としては区別されないからです。つぎに舌先をちょっと引っ込め、上の歯茎の裏あたりに当ててtにしてみましょう。すると、今度は「竹」と言ったと受け取られます。さきほどのthの発音も、文脈によっては「竹」と取られるかもしれません。つまり日本語の音素としてsとtは正式にカウントされますが、thの音はちょっと舌がもつれたぐらいに受け取られるだけで、正規のメンバーには入っていないというわけです。

　そして、日本語は、その音素の数があまり多くありません。世界の言語の中でも、どちらかというと少ないほうだといわれます。音素、すなわち意味を区別するために使える音の種類、が少ないわけですから、それを組み合わせて単語を作る作業は、たいへんになります。どうしたって、似たような組み合わせが多くなってしまうのです。アクセントを変えるという手はありますが、それにも限界がある。つまりどうなるかというに、同音異義語が多くなります。「酒、鮭」、「箸、橋、端」みたいに。

　そのことは一面では、障害かもしれません。とんでもない誤解を生んだりしかねませんから。でも、また一面では、豊かなことば遊びを発展させてもきました。あの一休さんの「このはし渡るべからず」の頓智《とんち》も、同音異義語があればこそでしょう。

　ダジャレといってしまえばそれまでですが、同音異義語の多さによってはぐくまれてきた日本語の文化は、まだまだいっぱい、あります。

大きなお寺や神社の参道でお祭りのときなどに見かける地口行灯《じぐちあんどん》
手拭いや浴衣の柄などに今も使われる判じ絵
商店などの電話番号の語呂合わせ（０８７８＝お花屋、２９８３＝肉屋さん）
歴史の年号を覚える語呂合わせ（七九四年＝鳴くよウグイス平安京）
小の月を覚える語呂合わせ（二、四、六、九、十一＝西向くサムライ）
各種記念日のコジツケ的制定（11月22日＝いい夫婦の日）

電話番号でいえば、ユニセフの募金活動の広告に「つなぐよ子に」というのがありますけれども、その番号は、０１２０―２７９４―５２です。２７９４がなぜ「つなぐよ」かといえば、「two ＋なな＋く＋よん」でしょう。「トゥ」じゃなくて「ツー」です。音素でいえば、日本語ではtsとtを区別しないから成り立つ語呂合わせですし、それ以前に、語呂合わせにtwoという外国語を援用してしまうのもすごいな、と思います。さらに、そのひとつづきの番号の中で末尾の５２は「子に」が当てられています。「ご＋に」ですね。「ご／こ」という濁音と清音を区別しないのは昔からの伝統ですが、ここではさっきの2が、「ツー」じゃなくて、「に」と読まれています。その同じ2が、「いい夫婦の日」の場合は、「ふたつ」の「ふ」です。2が「つ、に、ふ」と三通りに読まれています。

英語、音読み、訓読み、もう使えるものは何でも使っての語呂合わせ。すごい力技ですが、聞くほう（見るほう）も、べつにそれで何とも思わず、あら覚えやすい、と素直に受け入れてしまうんですから、これはかなり豊かな世界だと思います。おっと、忘れちゃいけない二月二十二日は、もちろんニャンニャンニャンで「猫の日」でございますにょ。犬派のみなさんには、ワンワンワンの十一月一日が重要でしょうけれど。

もう少し格調高いところも見てみましょう。たとえば和歌の掛け詞《ことば》。

花の色はうつりにけりないたずらにわが身世に経る（降る）眺め（長雨）せしまに
（小野小町）

大江山生野（行く野）の道の遠ければまだ文（踏み）も見ず天の橋立
（小式部内侍）

ことば遊びから生まれた「判じ絵」

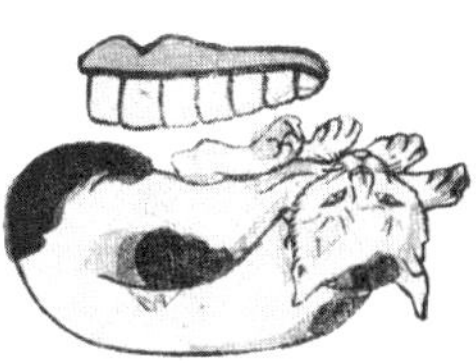

◆「歯」+「逆さになった猫」
＝はこね（箱根）

◆「鈴」+「目」
＝すずめ（雀）

◆「鎌」+「輪」+「ぬ」
＝かまわぬ（構わぬ）

◆「茶」+「がま（がえる）」
＝ちゃがま（茶釜）

あと、これはマイナスの利用法といえるかもしれませんが、ホテルや病院で、部屋の番号に四（死）と九（苦）が忌避《きひ》されることなども、語呂合わせの一つですね。そしてそうそう、第1章で触れたことですが、平仮名のもとになった万葉仮名、これだって、漢字の意味を捨てて音だけを利用したという点で、同音異義によるコジツケに通底するところがあります。

つまりは、半径二メートルを凍りつかせるオヤジギャグも、日本語文化の根幹をなすような万葉仮名や掛け詞も、どちらもその淵源は同じ。日本語の音素が少ないからこそ花開いたものといえましょう。上司の寒いジョークに場が凍ったときは、心の中で百人一首を唱えてしのいでください。

文法で遊ぶ

オヤジギャグ（という言い方は性差別かもしれません。オバサンも大好きです）といえば、第一生命が毎年やっている「サラリーマン川柳」というのがあります。これを見ると、最先端の流行というのではない、社会の七、八割がたに行きわたったくらいのトレンドが見てとれるように思います。時流にうとい私にとっては、参考資料としてちょうど手ごろなものですから、つらつら読み返しては感心したり驚いたり、たのしんでおります。で、そんな中で、これまでの一番のお気に入りは、ちょっと古いんですけれども、二〇〇三年のコンテストで一位に輝いたこの句。

「課長いる？」返ったこたえは「いりません！」

や、もう、要らないと言われちゃう課長さんにはお気の毒ですが、何回読んでも可笑しい。そしてこれ、日本語教師的にも、とてもオイシイのです。この句の可笑しさのよってきたるゆえんを説明せよ、と言われて、すらすらと説明できる日本語ネイティブは案外少ないはず。むしろ初級の日本語をようやく使いこなせるようになったくらいの日本語学習者のほうが、理路整然と説明できてしまうのです。そこで、たとえば日本語教師養成講座などで、日本語が話せるからといってそれだけで日本語教師になれるなんて思わないでくださいね、ちゃんと日本語のしくみがわかっていないと学習者の前には立てませんよ、という方向に話を持って行くのに便利なのです。

では、この句を文法モード全開で説明してみますね。

「いる?」は、一段活用動詞「いる」の辞書形で、デスマス体でいうと「いますか?」になる。「いりません!」は、ラ行五段活用動詞「いる」のマス形の否定で、「必要ありません」という意味である。どちらも辞書形は同じ「いる」なので、質問を誤解し(たふりをし)て、変な会話になったのである。

いかがでしょう。活用形の名前に、いくつか耳慣れないものがあったかもしれません。「辞書形」というのは国文法では「終止形」と呼ばれているものです。でも「終止する形」は、ほかにたとえば「いた」「いない」「いなかった」などもありますし、一方でこの形は「いる人」のように名詞に続く形(=連体形)でもあるわけですから、これを「終止」形と呼ぶのは命名法として不適切であろうということで、日本語教育ではシンプルに「辞書に載っている形」だから「辞書形」、と呼ぶことにしています。

また、「いりません」を国文法の用語で解析すると、「連用形+助動詞マスの未然形+助動詞ぬ(ん)の終止形」ということになりますが、これも(めんどくさいので)日本語教育では「マス形」の否定、と呼んでいます。

この「マス形」とは、「(いり)ます/ません/ました/ませんでした」をひとまとめにした名称です。ついでにお話ししますと、マス形は、とても使い出のある活用形なんですよ。同じことをくだけた会話の文体（普通体）で言おうとすれば、「いる（要る）」はラ行五段活用ですから、「いる／いらない／いった／いらなかった」となり、四つも活用形を覚えなければなりません。でも丁寧な文体のデスマス体なら、「いり（ます）」というマス形一つを覚えるだけで、肯定も否定も、さらに過去の肯定・否定も全部言えてしまうのです。ついでに、人を誘うときの「〜ましょう」も、マス形で言えます。多少他人行儀に聞こえるという難点はありますけれども、そういう意味で、日本語学習者にとってマス形を使う丁寧な話し方は、楽ちんなのです。

ともあれ、右の一句は、二つの動詞、「居る」（一段活用）と、「要る」（ラ行五段活用）が、マス形では全然違う形なのに、辞書形（終止形）ではたまたま同音になる、しかもアクセントも同じであるということを利用したもので、活用と文体の違いによる左の八つの形をクロスさせることで成立しています。

「いますか？（いる？）」――「いません（いない）」
「いりますか？（いる？）」――「いりません（いらない）」

なんと高度な知能犯でしょうか。それでいて、ネイティブならすぐに理解して笑える一句になっているのが、すばらしいと思います。

いかにも文法くさいお話になってしまって、ここが教室だったら、何人かの生徒さんは居眠りを始めそうですけれども、この一句は、同音異義ゆえに起きるたのしい事故、つまりは、音素の数が少ないところから生じる、偶発的な同音表現を利用しているのです。こうした「事故」は、基本的な動詞にも案外いくつも見つけられます。

「行きます」と「生きます」
「着ます」と「来ます」
「置きます」と「起きます」
「怒る」と「起こる」
「話す」と「放す」

これは辞書形やマス形など、基本的な形で起きている同音ですが、活用させたあとの形が同じになるものもあります。

「言った」と「行った」
「あって（在って）」と「会って」

また、アクセントは変わりますが、

「なる（成る）」と「鳴る」
「咲く」と「裂く」
「持った」と「盛った」
「買って」と「勝って」
「来て」と「着て」
「読んだ」と「呼んだ」

さらに、可能動詞で同じになる例もあります。

「遅れる」と「送れる」
「欠ける」と「掛ける」と「書ける」

ことば遊びや歌詞作りなどに使うこともできますが、落とし穴があちこちに口を開けているようでもあります。みなさんも、文字入力の際に、誤変換をうっかり見落としてしまうことがあるのではないでしょうか。

いつぞやは学生の作った文におかしなところがあったので、口頭で説明していたら、舌がもつれそうになったことがあります。「はげますのますけいははげますじゃなくてはげましますですよ」と。漢字で書くと、こうです。「励ます」のマス形は「はげます」じゃなくて「励まします」ですよ。——これなどは、たとえばこんな例文を使って遊ぶことができます。

M氏の化けの皮がはげました。
N党がM氏をはげました。

ハゲマシタが同音になっていますが、文法用語を振り回して解説すれば、一段活用動詞「剝《は》げる」のマス形の過去と、サ行五段活用動詞「励ます」の（普通体の）過去、ということになります。つまり、右の二文は、文体が違っているのです。文体をそろえると、つぎのようになります。

普通体の場合――
M氏の化けの皮がはげた。
N党がM氏をはげました。

丁寧体の場合――
M氏の化けの皮がはげました。
N党がM氏をはげましました。

何だか牛丼つゆだく肉ましまし、みたいなことになりました。

載ったら乗らない

以前出した本が、全国紙の書評欄に取り上げられたことがあります。自分の本が新聞に載るなんて、世慣れぬ著者としてはもううれしくてうれしくて、記念撮影におよびました。できればその記事とうちのかわいい猫を並べて撮りたいと思いました。断言してもいいですが、自分の本が新聞に載ったウブな著者が猫を飼っていた場合、これ、絶対にやりたがる行為だと思います。

が、乗らない。いつも人が新聞を読もうとするとすかさず欠かさずもれなく絶対乗りにくる猫が、乗らない。ふだん「そこ読んでるから、どいて」とお願いしても、飼い主が読んでいる記事を正確にブロックして動かない猫が、こういうときには、乗らない。新聞の横でカメラをかまえ、懸命に猫じゃらしを振っても、ガン無視です。

載ったら、乗らない。

ほんとに、猫ってひどい生き物だと思います。こんな生き物をかわいいと思ってしまう自分はどうかしています。

気を取り直して、「乗る／載る」現象を考察してみましょう。こういう組み合わせを「同訓異字」といいます。読み（訓）は同じなのに、異なる二つ（以上）の漢字で表記される語です。あるいは、漢字は違うのに同じ読みを持つもの、ともいえます。

ただし、これは意味がなんとなく近い場合の話です。たとえば、前節の「要る」と「居る」や、「帰る」と「蛙」、こういうのは同訓異字とはいいません。あの川柳は二つの「いる」の意味がまったく違うからこそ笑えたのだし、この二つの「かえる」も、読みこそ同じですが、アクセントは違いますし、どう考えても意味の上の関連はありません。これらはたんなる同音異義語で、まったくの別語です。いっぽう、「帰る」と「返る」、これは、同訓異字です。アクセントも同じですし、「元の場所・状態に復する」と、意味も重なっています。「新聞に書評が載る」と、「新聞（紙）に猫が乗る」の、二つの「のる」も、同訓異字です。

では、なぜこんなことが起きるのか。

ここで思い出していただきたいのですが、漢字というのは、本来、外国の文字です。中国語という、外国語の文字です。それを日本人が（というか日本語が）勝手に借りてきて、自分たちの言語を書き表すのに使っているわけです。中国語の発音と、日本語の発音は、まったく違います。ただただ意味が近いとおぼしき文字を借りてきて、それを日本語読み（訓）で読んだわけです。

それって、かなりスゴイことです。突拍子もない発想です。

あまりにも漢字が日本語のものになりきっている現在、その無茶ぶりは意識されにくくなっていますが、たとえば、ですよ、今もしも英語の文字を借りてきて同じことをするとしたら、こうなるわけです。「cuteい猫」と書いて「かわいいねこ」と読ませ、「beautifulしい猫」と書いて「美しいねこ」と読ませる。ね。

第1章でも述べたことですけれども、ほんとうにこれ、すばらしい力技、というか、もう、強引ですよね。昔の日本人、すごすぎます。もちろん表意文字である漢字と、音しか表さないアルファベットの違いは大きいですが、ここでは「外国語の文字を勝手に使って好き放題に読んでる」という事態を意識していただくための例として、再度でっち上げました。

この融通無碍《ゆうずうむげ》な奔放さは、現代においても新たに発揮されています。いわゆるキラキラネームもそうですし、有名なところでは、「五月蠅い」と書いて「うるさい」と読ませる夏目漱石の当て字も、根は同じです。歌舞伎の外題《げだい》もそうです。明治の作品ですが、『天衣紛上野初花（くもにまごう うえののはつはな）』なんて、知らなければ読めない。最近も、三谷幸喜氏の新作歌舞伎に『月光露針路日本（つきあかりめざすふるさと）　風雲児たち』というのがあって、「日本」を「ふるさと」と読ませています。乗った船が遭難して露国（ロシア）まで流された大黒屋光太夫の冒険譚だそうですが、「めざす」という読みに「針路」を当てているのも、船の漂流を同時に暗示しているようで、ワザありの演題だなあと思いました。

で、さて、同訓異字は、どうして発生したかといいますと、日本語のその単語の意味の守備範囲が、中国語のその単語（＝漢字）のそれより広かったから、です。逆にいえば、（それらの語のカバーする範囲においては）中国語のほうが意味区分が細かかったから、です。

日本語では、「のる」という語を使って、自転車にもタクシーにも飛行機にも「のる」し、リズムにも「のる」し、相談にも「のる」し、もうけ話にも「のる」し、猫が新聞紙に「のる」のも自由です。そして、事件を起こして新聞に「のる」こともあるわけです。だけれど、中国語では新聞紙に「乗る」のと、新聞に「載る」のは分ける、すなわち「乗」と「載」は別の単語である、ということです。さきほどの英語の例に戻っていうとすれば、「cute い」と「lovely い」の両方を、「かわいい」と読ませる感じです。漢字という中国語由来の文字を読めない人のためにフリガナをつけるごとく、「cute い」と「lovely い」の両方に「かわい（い）」とルビを振る感じです。

いやはや。つくづく、漢字仮名まじり文の発明は、すごいです。大胆不敵です。

撮る、取る、とる

同訓異字は、基本的な単語によく見受けられます。右の「のる」もそうですが、基本語彙は多義であることが多いからです。たとえば「とる」という動詞にも、「取る、撮る、捕る」などなど、たくさんの漢字が当てられます。この「とる」について、以前、おもしろい経験をしましたので、ご紹介しましょう。

数年前、NHKでドラマの方言指導というしごとをした折のことです。ドラマの撮影現場に立ち会うなんて初めてのことでしたし、しかもそのドラマはオール地方ロケでしたから、毎日がワクワク、発見の連続でした。そんな撮影現場で「ドライ、とります」という表現に出会ったのです。いわゆるギョーカイ用語でしょう。ロケ現場で気になった日本語はほかにもいろいろありますが、たいていは、なるほどなあ、と納得できる表現がほとんどでした。そんな中で、どうもしっくり来なかったのが、この

「とります」でした。こんなふうに使われていました。

ドライ、とりまーす。つぎ、テスト行きます。
テスト、とります。じゃ、つぎ、本番お願いしまーす。

何しろ撮影の現場ですから、初めは「撮ります」だろうと思いました。でも、ようすを見ていると、何だかそれではズレている気がします。第一、「ドライ」というのが何なのか、わからない。気になる。知りたい。しかし、号令一下、いっせいにわらわらと動き出すスタッフさんたち、とうてい、質問を受けつけてもらえる雰囲気ではありません。が、ふと見ると、監督さんの周囲だけが、台風の目のように静かです。お邪魔虫の方言指導おばさんがおずおずと尋ねてみると、監督さんは親切に教えてくださいました。

まず、「ドライ」というのは、ドライリハーサルともいって、カメラもマイクも入れずに、お芝居の流れを確認するもの。役者さんを煩わせたくないときは、助監督が代行することもある。で、それでセリフのタイミングや役者さんの動きがおおよそ決まったら、カメラやマイクを入れて、画面でどう見えるかを確認するのが、テスト。さらにもろもろのチェックを経てOKになったら、いよいよ、本番——ということになっているんだそうな。そして、問題の「とる」というのは、そのドライやテストを「終える」ことなのだとおっしゃいます。説明しながら、監督さんは何かをぽいっと捨てるような身ぶりをされました。

試みにお手もとの国語辞典で「とる」を引いてみてください。日本語に限らず、基本的な単語ほど語義がいっぱいあるものですが、「とる」にも、軽く二十や三十の語義が並んでいるはずです。そして日本語に特徴的なのは、それぞれに別々の漢字表記まであること。「取る、撮る、採る、獲る、捕る、摂る、執る、盗る……」これが、同訓異字ですね。で、「ドライとります」の「とる」は、どうやらこのうちの左の例と同じであるらしい。

絹サヤのスジをとる。
エビの背ワタをとる。

無理矢理に漢字を当てるとすれば、「除る」でしょうか。語義の展開・発達というのは、つくづく、おもしろい。だって、「絹サヤをとる（＝収穫する）」と、「絹サヤのスジをとる（＝除去する）」では、動作主と対象のあいだのベクトルを考えたら、まったく矢印の向きが逆ですもんね。

ところで、監督さんのわきで聞いていた「記録さん」という職掌の方が、それ、NHKだけですけどね、と、ことばを添えられました。ほかの局では、「終わります」とか「以上です」って言ってますすよ、と。

ほう。ギョーカイ用語にも方言があるんですねえ。

後日、この「ドライをとる」には、「粗熱をとる」が近いかな、とも思いました。必要だったけど今は不要なものを除去する、という意味で。お弁当や作り置きのおかずを容器に詰める前に、軽く冷ましますよね、あれです。

そして、料理ついでにもう一つ思い出しました。私はぬか漬けが好物でして、わが家にはもう何十年も守ってきたぬか床があります。ぬか漬けやってますすと言うと、えらいねえ、とほめていただくことがよくありますが、あれ、そんなにたいそうなものではありません。けっこうほったらかしでも丈夫なものですよ。「大丈夫」の誤植じゃありません。生き物として「丈夫」なんです、ぬか床くんは。とはいえ、ある程度のお世話は必要です。

で、ある夏の日、暑さで乳酸菌が元気になり過ぎて酸っぱくなってきたぬか床に、中和剤のカルシウムとして、卵の殻を入れようと思ったときのことです。動物性たんぱく質はなるべく入れたくないので、殻の裏側に貼りついているあの卵殻膜は取り除きたい。でもあれ、めんどくさいんですよね。そこで、図体のわりにこういう細かい作業をいとわぬオット氏に、頼みました。「殻の内側の白い薄皮、とって入れてね」と。

しばらくして見ると、おっとっと！　オットは、ちまちまむいた白い薄皮のほうをぬか床に入れようとしているじゃありませんか。「違う違う、ほしいのはカルシウム！　殻のほうだから！」と止めると、「だって白い皮入れろって言ったじゃないか」と反論する。

「いんや、そんなことは言ってません」

「いんや、白い皮とって入れろって言った！」

「……あ」

はいはい、言いました。たしかに言いました。言いましたけどね、しかし、ここは、

NHK方言の「除る」が正解でしょう、この物知らずめ。私は「白い薄皮を除って、(殻を) 入れてね」と依頼したのです。まさか「白い薄皮を採って入れる」と解釈する人がいるなんて思いませんでしたよ。

質問です。みなさんは、イチゴのヘタをとって食べる人? スイカの種ほじくって食べる人? バナナの皮をむい……

「声」の表記

あーあ。

こう書かれた文字列をご覧になったとき、脳内にはどんな音声が流れたでしょうか。おそらく、「高↓低↓高」というイントネーションであろうと思います。最初の二拍分の「あー」は「高↓低」となだれるように、そして、最後の「あ」は高く、ピッと短く跳ね上げるように発音されたのではないでしょうか。そしてこれは、何かガッカリしたときとか、あるいはウンザリしたときとかに発せられる声 (を文字化したもの) であるということに、たいていの日本語ネイティブは、同意なさることと思います。

これがもし、同じア音の連続だからといって、「あーー」とか「あ、あ、あ」と書いてあったら、脳内で再生される音は、まるで違ってきてしまいます。そして、意味も、「驚き」とか「焦り」の表出というように、違ってくるはずです。文字化するときにアクセントやイントネーションといった、音の高低や調子を表すための専用の手段はないのですが、文字を重ねたり、音引き（＝長音符）を使ったり、読点を入れたりして書き分けることで、ある程度そうした情報を補う試みがなされているわけです。

同様に、「うーん」だったら言いよどみで、「ううん」だったらノー。「えー」は軽い抗議を込めた驚き、あるいは言いよどみで、「ええ」だったらイエス。「はー」はため息で、「はあ」はあいまいなあいづち。——正書法というほど厳密なものではありませんし、文脈の助けがないと読み方に迷うこともあるでしょう。ですが、明らかに一定の書き分けはなされています。そして、大方の日本語ユーザーに、それは大筋のところでは了解されているように思われます。

しかし、こうした感動詞についての表記の別を記したルールブックは、（私の知る限り）どこにも存在しません。きちんと網羅的に立項した辞書も、見かけません。たいていの辞書は、「あ」と「あー」を別々の見出しに立てることはせず、「『あ』または『ああ』」のように、「揺れ」として処理しています。よしんば丁寧な辞書があったとしても、誰もそんなものを参照しながらアーアー、ウーウー言ったり読んだりしているわけではないでしょう。

こんな、ふわっとした、ルールともいえないようなあいまいな約束ですけれど、漫画とか気楽なエッセイ、ライトノベルなどでは、大いに活用されています。たとえば、オーソドックスな小説などだったら「ああ、そうですか」としか書けないような音連続も、漫画の吹き出しなどでは、「あーそーですか」と書かれることがあります。ひらがなに長音符を使うと、何となく棒読みで、何となくうわっ滑りな調子が出ますよね。相手の言うことを信じていないとか、あるいは納得していないとか、とにかくそういったようなかすかな反発心を感じさせる口調を写していると読めます。

言語とは社会習慣のカタマリですが、こういった、活字に表情を宿らせるルールは、いったいいつ、どうやって、形成されていくのでしょう。ふしぎです。すごいことです。声を文字に写し取る、反対に、書かれた文字から声の調子を復元する、その間にはもちろんルールが必要で、それがなかったら、言いたかったことが伝わらないし、相手が伝えたかったことをまるっきり勘違いしてしまうし、いろいろややこしいことになります。だからこそ学校ではさまざまな規則を習うわけですが、右のようなぼんやりした約束事は、国語の時間にも教わった覚えがありません。にもかかわらず、一定の約束がちゃんと（いや、ぼんやりと、でもちゃんと）成立しているのは、ふしぎでもあり、またすばらしいことであるな、と思います。

声に出して読みたい

しかし、そうはいっても、紙の上に（あるいはパソコンやスマホの画面に）並んだ黒いテンテンだけでは、声の表情をつねに完全に伝えきることはできません。だからそれを補うものとして、顔文字や絵文字が発達してきたのでしょう。とにかく文字だけでは誤解もありえます。たとえば、つぎを音読なさってみてください。

「へえ」

軽く感心したような顔が浮かびましたか？　でも「高↓低」だったら？　長屋の八つぁんが大家さんに叱られて頭をかいているのかもしれません。岡っ引きがふんぞり返った同心に何か言われてしぶしぶ返事をしているのかもしれません。

「それを言っちゃあおしめえよ」

というのを聞けば、平均的日本人の大人は、やけに大きな四角い顔を思い浮かべる

でしょう。どこやらにホクロもあったような。しかしこれは「おしめえ」だからそうなのであって、

「おしまいよ」

となるとどうでしょうか。テキ屋の寅さんの向こうに、だまし絵のような具合で、ぷいと横を向いた女性の顔が浮かんできませんか？

「あたしたち、もうおしまいよ」

さらに念ずるならば、結婚しても素行のおさまらない道楽息子に、嫁に隠れて小遣いを渡している老いた母親の図も見えてきます。

「いいから、ほら、早くおしまいよ」

ことほどさように文字情報というのは不十分で、不安定なものでもあるわけです。意図された文意に正しく到達するためには、「声」を復元する必要があります。たとえば右の例の最後の二つの文には、末尾に終助詞の「よ」がついていますけれども、国語辞典でこの「よ」を引いてみたところで、おそらく解答は得られますまい。

さらに――

「そうよ」

これもうっかりかわいらしげな女性を思い浮かべて安心していてはいけません。

「そうよ、石川五右衛門たあ、俺のことよ」

南禅寺の山門に仁王立ちの盗賊かもしれません。

さらにまた――

「いやですわ」

これなどは、住んでいる土地によって、優先的に浮かぶイメージが左右される例かもしれません。いまどき珍しいフェミニンな女性かと思えば、タコ焼き片手のオヤジさんが出てくるかもしれないのです。日本語に一大勢力を誇る関西方言を無視するわけにはいきませんからね。

日本語は性差の大きい言語だといわれています。敬語表現も発達しています。そのおかげで、代名詞が少々未発達でも、あるいは主語や目的語がしょっちゅう省略されても、それがために伝達効率が下がるということはありません。でもそれは母語話者の場合であって、日本語学習者にとって、このことはかなり高い障壁になりえます。

「……と彼は言った」「……と彼女は笑った」などの、いわゆるト書きが少なく、ただセリフだけが延々と並んでいる小説などでは、楚々たるべき佳人のセリフをタイガース命のオッチャンのイメージで読んでしまう、あるいはその逆の危険がつねに潜んでいるわけです。

ですから、留学生相手の読解の授業では、必ず「音読」という作業をします。学生にも、予習の際、一度は声に出して読んでくることを求めます。そして、アレ、なんか変だな、と思うところがあったら印をつけてくるように言います。それだけで、たとえば小説のセリフを誰が誰に向かってどんな気分でしゃべっているのかに意識が向き、ぐっと正確に読み取れるようになります。いい年をした大人が声に出して小説を読むなんて、恥ずかしいことのようですけれども、音読の効果はあなどれません。

読解の授業だけに限りません。文法のクラスなどでも、私はわりと音読が好きです。たとえば「自慢げに」とか「自信なさげに」などというときの「〜げ」という文型が出てきたら、「うちの猫のほうがかわいいと思います」なんていうセリフを、「自慢げに」あるいは「自信なさげに」言ってみせるのです。「自慢げに」のときはアゴを上げて斜め下を見る感じで、「自信なさげに」のときは上目づかいでボソボソした声で。「〜げ」というのがどういう意味かは、それだけでじゅうぶん伝わります。ごちゃごちゃ解説する必要はありません。そして確認のために、じゃ今度は「不満げに」に言ってみて、と求めるのです。学生たちがちゃんと口をとがらせて「うちの猫のほうがかわいいと思いますぅ」なんて言ってくれたら、成功です。

第4章

辞書引いちゃった

日本語本というと、語源だの「本当の意味」だの、何かと単語レベルのウンチクを語る本が多いように思います。でも日本語教師というしごとはちょっと違う。辞書を引けばわかるようなことは、教室では教えません。自分で辞書を引けるところまで学習者を連れて行くことができれば、それでいいからです。たとえば「そこはかとない風情」を「ソコワ、カトナイ」と読んでしまって懸命に「かと」を辞書でさがしているような人がいたら、そのときは、いやいや「ソコハカトナイ」で辞書引いてみて、というくらいの手助けはします。でも、教室で「そこはかとない」の語義をとうとうと講ずるようなことはしません。

ですから、日本語教師＝ことばのウンチクを語る人、ではないのですけれども、とはいえ、辞書はやっぱりたのしい。たまには辞書で遊んでみましょう。

「近海」ってどこらへん?

私は猫も好きですが、お酒も好きです。一日のうちでいちばんしあわせを感じるのは、その二つを同時に楽しめるとき、すなわち猫との晩酌のひとときです。いえ、ま、猫は一滴も飲みませんけれども、けっこう付き合ってくれるものでしてね。付き合ってくれるのは、わが家に二匹いるうちの、若い灰色しましまのほうです。ちゃぶ台で一献傾けていると、彼女は彼女で「夜のおいしいもん」(主食とは別の、ちょっとお高いフード)を堪能した後でやってきて、顔を洗って入念に毛づくろいをし、それが終わると足首にもたれてグルグル喉を鳴らしてくれるのです。抱っこ嫌いの甘え下手で膝には絶対に乗ってこない猫なのですけれど、晩ご飯のときは、必ずここ。私の足首を温めてくれます(夏も)。

そんなある日の晩酌、諸般の事情でボッチ飯になりました。台所に立つのもめんどうだし、ありあわせの野菜を並べ、あとは乾きもんで済まそうと、戸棚をあさったところ、「北海道近海産いかなんこつ」なるものが出てきました。

何で読んだのだったか忘れましたが、すし屋のカウンターで、通ぶった客が「このネタはどこの?」と聞くと、大将がぶっきらぼうにひとこと、「海」と答えた、という話がありました。ですよねえ。海の魚は国境なんて知らないし、知ってても無視するだろうし。さてさて、この晩のイカの出身地(海)は、「北海道近海」とある。「近海」って、どこらへんまでだろうねえ。――灰色しましま猫に話しかけつつ、独酌をたのしんでいるうちに、むらむらと気になりだしました。ひとりなので、お行儀が悪くてもかまうことはない。小さい国語辞典をちゃぶ台に持ってきて、「近海」を引いてみる。しかし、さかずき片手に辞書を引いてみても、「陸地に近い海」ぐらいしか書いてありません。

こういうときは反対語を考えてみるのが早道です。「近海」の反対は何でしょう。辞書には「遠海」という語がありました。でも、「遠海」なんて、実際に使われている例を目に（耳に）したことはないように思います。「遠洋」は、よく聞きます。今度は「海」と「洋」が気になってきました。

瀬戸内海、オホーツク海、地中海……
インド洋、太平洋、大西洋……

こうして並べてみると、「海」より「洋」のほうが広い感じです。とすれば、近くないという以上、「遠海」より「遠洋」というほうが、なおさらしっくりきます。では、どこまでが「近海」で、どこからが「遠洋」になるのであるか。

たいていの場合、前者は単独では使われず、「〇〇近海」となります。「〇〇」に入るのは陸地の名です。つまり、陸地の名前をくっつけるのが難しいほどの距離になると、あるいは、「○○」と「××」（たとえば北海道とアラスカ）、二つの陸地のどちらにより近いかが微妙な距離になると、「遠洋」になるのでありましょうか。

と、ここまで考えてきて、「最寄り駅」という語が、脳内に浮上しました。じつはわが家には「最寄り駅」が三つ、あります。どういうことかといいますと、○駅と×駅と△駅が、どれも等しく遠い。「最寄り」もへったくれもなく、遠い。どれも自転車を飛ばして十分以上かかります。最寄り駅が三つもあるなんて何て贅沢なのかしら！と思うことにして、その日の気分で好きな駅を選び、せっせとペダルをこぐ日々であります。

晩酌のお供になってくれたスルメイカは、ロシアやアラスカより、北海道が最寄りだったわけですな。

くるしいコレクション

ある夏の日、暑い盛りに毛皮を着てオットのお腹でくつろいでいる猫（これは推定年齢二十歳超えの茶色いほう）を見ていて、「暑苦しい」と「愛くるしい」という単語が同時に頭に浮かびました。どっちも「くるしい」とは、こはいかに。片づけるべきしごとがないわけではなかったけれど、とにかく暑い。しごとしたくない。逃避行動の一種でありましょうか。ふらふらと辞書に手が伸びました。

単語をしっぽの音から引く、逆引き辞典というものがあります。「くるしい」を調べたかったら、「く」じゃなくて「い」のページを開いて「いしるく」を探すという、もの好きな辞典です。「愛くるしい」や「暑苦しい」のほかにどんな「〜くるしい」があるかな、というときに便利な辞典です。棚から『日本語逆引き辞典』を出して引いてみました。おお、出てくる、出てくる。

苦しい、愛くるしい、息苦しい、聞き苦しい、むさ苦しい、堅苦しい、暑苦しい、胸苦しい、寝苦しい、狭苦しい、目まぐるしい、見苦しい、耳苦しい、重苦しい、心苦しい

このうち、「目まぐるしい」は、「苦しい」の複合語ではなく、もとの形は「めまぎろし（目＋紛ろし）」だったと考えられるそうな。つまり「目がちらちらする」、ひい

ては「煩わしい」ということ。古典の素養がない私のような者にも引きやすいので重宝している『岩波古語辞典　補訂版』を見てみると、つぎの例がありました。

散る花といづれ待て蝶めまぎろし（俳諧・埋草）

花が散る。蝶が飛ぶ。いずれが蝶か花びらかわからんではないか。蝶よ、ちらちら飛ぶでない、ということでしょうか。最大の日本語辞典『日本国語大辞典』には、つぎのような例も出ていました。

舟がつくとあんま御用はといふてくる。一文菓子売るかか（嬶）が、たびたびめまぎろしういふてくる（随筆・肝大小心録）

これは、「ええい、うるさいわい！」という気分でしょうか。何年か前に京都は保津峡で川下りの観光船に乗ったことがあります。途中、川幅の広い、流れの静かなところにさしかかると、物売りの小舟がわらわらと寄ってきました。江戸の昔、淀川に

「くらわんか舟」というものがあったと何かで読んだことがあります。「食らわんか」です。だいぶ威勢がよさそうです。保津峡のはそんなことはなくて穏やかな風情でしたけれども、ああ、こういうことだったかと、かつての「くらわんか舟」を想像しました。右の用例も、マッサージやスナック菓子の御用はいかがと、小舟がうるさいほどに漕ぎ寄せてきたという情景でしょう。

うるさがりながらも旅先での喧騒を楽しんでいる気配が感じられますが、いずれそのうち「め・まぎろし」の語源が忘れられて俗解が進んでいけば、「目間苦しい」などと書かれる例も出てくるかもしれません。ともあれ、ここでは「目まぐるしい」は、出自が別ということで、今回の問題からは外しておくことにします。

で、残りの「くるしい」の複合語について、改めてその読みを見ますと、清音のままのものと、「ぐるしい」と濁るものとがあります。

まず、動詞のマス形（連用形）に続くものは、濁っています。

聞き苦しい、寝苦しい、見苦しい

そして、名詞に続くものも、濁点がついて「～ぐるしい」です。

息苦しい、胸苦しい、耳苦しい、心苦しい

それに対して、形容詞に続くものは清音のまま、「くるしい」です。

むさ苦しい、堅苦しい、暑苦しい、狭苦しい、重苦しい

この、二つ以上の単語が複合して一語になるときに後部要素の頭の音が濁ることを「連濁」といいますが、この連濁については、いろいろなルールが発見されています。その一つに、「係り―係られ」の関係、すなわち修飾関係があると、後部要素の語頭の清音は濁りやすくなる――というのがあります。たとえば「川」という語が後ろに来る複合語に「山川」がありますが、「山と川」という意味で二つを並べるときは「やまかわ」のように清音のままで、「山の中の川」というように、どんな川なのか、「川」を説明する意味のときは「やまがわ」と濁る、そういう原則です。そのため、保津川

にせよ桂川にせよ、河川の名称のときの「川」も、テンテンをつけて読まれるものがほとんどです。

なるほど、「聞いているのが苦しい」や「息が苦しい」には、前の語が後ろの語に係っていく関係が見てとれますね。一方、濁らないのは、前後の要素が対等に並列しているときです。「むさく、苦しい」「暑く、苦しい」「狭く、苦しい」など、たしかに修飾関係は弱く、「&」でつなげただけの関係に思えます。

ううむ、見事に説明できるわい、と思ったのですが、そう、一つ、その説明では片づかないのが残っています。

愛くるしい

この「愛」は、いったい何？　形の上では名詞としか考えられませんが、ほかの「息苦しい」「胸苦しい」と違って、連濁を起こしていません。そして意味的には「愛らしい」というプラスのイメージになっています。ほかの「〜くるしい」が全部ネガティブな意味になるのに対して、これだけは、百パーセントのほめことばです。なのになぜ「くるしい」のか。また、表記も、ほかの「〜くるしい／ぐるしい」とは違っています。現に今パソコンで入力していても「愛くるしい」としか出てきません。「愛苦しい」とはならないのです。さきほどの「めまぐるしい」と同様に、「あいくるしい」の「くるしい」は「苦しい」ではないのかもしれません。時間をさかのぼってみる必要がありそうです。

そこで手当たり次第に古語辞典を引くと、「愛くろし」という語が出てきて、「愛くるし」に同じ、とあるのが見つかりました。ではこの「くろし」は何なのか、さらに探すと、形容詞を作る接尾辞、という説明に行き当たりました。『日本国語大辞典』の「くろし・い」の項には、「おとなくろし」の一例だけが出ています。

息女お百の姫〈略〉よめりざかりの花づくし袖の重ねににほはせておとなくろしきかけるぼし（浄瑠璃・最明寺殿百人上臈—女勢揃へ）

娘の装いが「大人っぽい」ということのようです。明らかにほめていますね。

さらに、『広辞苑』にも『逆引き広辞苑』というのがあるのですが、それで「‐くろしい」を引くと、「重くろしい、拗《す》ねくろしい、ほてくろしい、むさくろしい」と並んでいました。おや、「重苦しい」「むさ苦しい」は今でも使います。そこで改めて『広辞苑』を引き直すと、「重くろしい」は「重苦しい」に同じ、「むさくろしい」も「むさ苦しい」に同じ、となっていました。じゃあ、「愛くるしい」の「くるしい」も、やっぱり「苦しい」でいいのか？

混乱してきました。

暑いのとわからないのとで、脳みそに脂汗がにじんできます。もうやめよう。辞書を引くのなんて、ちっともたのしくないっ。

でも、収穫がなかったわけでもありません。「くろし」で引いてみても、やっぱりネガティブな意味の単語ばっかりだったけれど、一つだけ、「大人くろし」というプラス評価の単語も見つかったこと。「愛くろし」に、仲間を見つけてやれた気分です。それと、「ほてくろし」という単語を拾ったこと。『広辞苑』には、「ホテはホテリ（熱）の意か」とあり、つぎの用例が出ていました。

アア、ほてくろし、放さんせ（浄、薩摩歌）

しつこくつきまとう男をと―んと突き放す姐さん、といった図が浮かびます。「ほてくろし」、なんと今この眼前の光景にぴったりじゃないの。夏の日盛りにむさくろしきおじさんにぴったりくっついて満足げな婆さま猫よ、アア、ほてくろし！

「つまらない」の反対は

わが家の灰色しましま猫は何かというと私の机回りに出没するのですが、今日も今日とてノートパソコンをぽにょぽにょのお腹の下に敷いて寝そべっております。

「あ～、たいくつ～。つまんにゃ～い」

いいよね、猫は。私も、そうやってごろごろしたいぞ。

パソコンを開かせてもらえないとしごとになりません。猫がどいてくれる気になるのを待つあいだ、「つまんにゃい」を、いや、「つまらない」を調べてみました。そんな語は辞書を引くまでもあるまいとお思いでしょうが、じつはその数日前に、小さく驚くできごとがあったものですから。

「つまらない」という形容詞は、日本語の初級クラスで出てくることの多い、ごく基本的な単語です。たいていの場合、「おもしろい」の反意語として導入されます。そのせいかどうか、「おもしろい」の反対は「つまらない」である、という関係に、日本語教師の私は何の疑問も抱かなくなっていました。ところが、ある日の新聞記事(たしか校閲部の人が書いた記事だったような)に、もともと「おもしろい」の反対は「おもしろくない」だった、とあったのです。それを読んで、「あ！」と思いました。そうだった！　たしかに、そうだった！

私の母方言、飛騨高山のことばでは、「おもしろい」の反対は「おもしろない」でした。高山弁にも「つまらん」という単語はありますけれども、それは「おもしろない」とは別の意味です。例の、贈り物をするときの定番といわれているアレ、「つまらないものですが……」というときの「つまらない」です。「値打ちがない」という意味です。

で、改めて手もとの国語辞典を見てみます。どんな小型辞典にも、最低この二つの語義は出ていました。いくつかの辞書の語義説明と例文を、まぜて割って並べてみると、左のような感じです。

①興味が起こらない、おもしろくない。
（例）この小説はつまらない。
　つまらない映画で、眠くなった。
②値打ちがない、くだらない。
（例）つまらないものですが、どうぞ。
　つまらないことをいちいち気にするな。

一つの語に意味が複数ある場合、どんなふうに並べるかについて、辞典には大きく分けて二つの姿勢があります。一つは「古い順に載せる」、もう一つは「現在よく使われているほうから載せる」です。そして、この「つまらない」の二つの語義について、「古い順に載せる」主義の『岩波国語辞典』では、②が先、①が後に載っていて、「よく使われるほうから載せる」主義代表の『三省堂国語辞典』では、①が先、②が後になっていました。つまり、初級の日本語クラスで扱う「この映画はつまらない（おもしろくない）」は、あたらしい語義だったんですね。
　べつに、語義②も廃れてしまったということではありません。今もまだりっぱに勢力を保っています。でも、いやあ、気がつかなかったなあ。知らない間に、私、あたらしい人になっていました。

ところで語義②の例としてほとんどの辞書に採用されている「つまらないものですが」という決まり文句ですけれども、よくよく考えると実際にはあまり聞いたことはない気がするのですが、いかがでしょうか。人さまに何か贈る場面で、少なくとも私自身は使ったことがないように思います。いや、冗談めかして言うことはあるかもしれませんが、ほとんどの場合、「こういうの、お好きじゃないかと思いまして」とか「これ、おいしかったから、○○さんにもどうかと思って」というように、むしろ積極的に「つまらなくない」アピールをしています。相手がごく親しい人の場合には、「このケーキ、すっごく高いんだからね。そのつもりで食べて！」なんて言うことさえあります（や、これはさすがに下品ですな。以後はつつしみましょう）。

それなのに、日本語の会話教材や日本文化紹介のテキストなどには、日本人らしい挨拶として、贈り物をする場面でこのセリフを使っているものが少なくありません。それってほんとうに「リアル」な日本語でしょうか。ほんとうに自然な日本語でしょうか。後から刷り込まれた「日本人らしさ」や「それっぽい習慣」を、ネイティブ自身が自分たちのほんとうの文化だと信じ込んでいる可能性はないでしょうか。

いつのまにやら「おもしろい」の反対が「おもしろない」であることを忘れていた、モト高山人のように。

てこでも動かぬねこ

来いと言われて来るのは犬。呼ばれても来ない、呼んでいないときに限って来る、それが猫。そんなわけで、しごと中の机の上には、たいてい猫がいます。どけてもどけても乗ってくる。夏の炎暑にウィンウィンうなるパソコンの排気口をしっぽでふさぎ、今まさにそこを読もうと思っていた本のページにのしかかる。いったんそこで寝ると決めたら、てこでも動きません。

しょうがない。「てこ」について辞書を読みくらべてみました（机は使わせてもらえないので、床に辞書を広げて調べます）。

この手の単語は、百万言費やして説明されるより、写真や図を見せてもらったほうがずっと話が早い。だから、これまでことばにして考えたことはなかったのですが、改めて考えるに、「てこ」とは、棒の部分だろうか、いやいや、支点あっての「てこ」

であろうな、などと興味がわきます。
で、手もとの小型国語辞典を調べてみたところ――

支点のまわりを自由に回転できる棒。レバー。重いものを動かすとき、下にさしこんで使う棒。目的をとげるために利用する、強力なもの。

（三省堂国語辞典）

〔物理で〕支点の周囲で自由に回転出来る棒。レバー。重い物の下に突っこんで、こじるようにして持ち上げたりするのに用いる棒。

（新明解国語辞典）

支点のまわりに回転し得る棒。力のモーメントを利用して、小さい力を大きい力に変えることができる。機械や工具の一要素として広く利用される。

（現代国語例解辞典）

支点の周りに回転し得る棒。その一端に力をくわえて大きな力に変えることができるので、重い物を動かす道具に利用する。

（岩波国語辞典）

なんと、「てこ」のミソは、回転だったのか。知らなんだ。そして「レバー」も「てこ」なの？　っていうか、「レバー」は「てこ」そのものなのね？　あわてて「レバー」を引いてみたら、「lever＝てこ」のように語源と訳語を記載している辞書が多数見つかりました。念のために英和辞典でleverを引くと、やはり訳語に「てこ」が出ています。知らなかった。「レバー」っていったら（さすがにレバ刺しのレバーじゃないことはわかってましたが）、機械類を操作するための棒状の取っ手、という程度のおぼろげな認識でした。あれの本質というか、しくみそのものが「てこ」だったんですねえ。

物理は大の苦手なので、そっち方面を掘り下げることはこのくらいにするとして、ことばのわかりやすさでいうと、やっぱり三省堂の二冊、『三省堂国語辞典』と『新明解国語辞典』が、よいです。さらに順位をつけるとすれば、ダントツで『三省堂国語辞典』です。「目的をとげるために」が語義の一部にしっかり挙げられているのがいい。また「強力なもの」というひと言も効いています。「景気のテコ入れ策」のような表現を理解するためには、この「目的」や「強力」という概念が必要ですもんね。つぎにいいのは『新明解』。シンプルです。いや、シンプルなだけじゃないですね。「突っこんで」とか「こじるようにして」とか、新解さんは、そこはかとなくお茶目になっちゃうとこが、ラブリーです。

対する小学館の『現代国語例解辞典』と『岩波国語辞典』は、ちょっと感心しません。情報量に比して語釈が長すぎます。そして小学館の記述は、あまりに百科事典的ではありますまいか。ことばの説明としてはどうなんでしょう。「力のモーメント」って何？　さらに「モーメント」を引くはめになるじゃありませんか。また、どちらが先だったかは、わかりませんけれど、岩波との記述の類似も、気になるところです。岩波には「重い物を動かす道具」があることで、一歩リードといえましょうか。

ただ、小学館のこの辞書は、基本語彙には強いのです。類義語の記述にくふうが凝らされていて、おもしろい辞書です。たとえば前項で取り上げた「つまらない」を引くと、「ばかばかしい」「くだらない」との使い分けが表にしてあったりして、語義の違いがよくわかります。コトよりもコトバについて知りたいという人には、とても心強い辞典です。百科語は、苦手なのか、さして力を入れていないのか、この「てこ」の記述を見てもちょっとくふうが足りない気はしますが、好きな辞書ではあります。

以上、「てこ」という一語を引きくらべてみただけですが、やっぱ『三省堂国語辞典』はいいわあ、という結論になったのでした。「てこ」のような百科語にもあくまでコトバで立ち向かっていく姿勢は、ふだん、ことばをことばで説明するのをなりわいとしている日本語教師にとって、共感できるものなのです。

「チョッカイ」についてのウンチク

猫が妙なかっこうで寝ていると、そして猫というのはしばしば妙なかっこうで寝ている動物ですが、とかく飼い主はチョッカイを出したくなるものであります。そうしてチョッカイを出しては猫に嫌われるのでありますが、それは飼い主の罪ではありません。猫が悪いのです。かわいいかっこうで寝ているのが、悪い。

そんなチョッカイ欲をそそる猫を前に、ふと疑問が浮かびました。そういえば「チョッカイ」って何？　『日本国語大辞典』を引いてみたら、へえ！な発見がありましたので、これ幸いとご紹介いたします。

ちょっかい『名』①腕、手、手先を卑しめていう語

で、この語義には、左の、迫力満点の例文が紹介されていました。

由兵衛がちょっかいを、わが懐中へ突っ込むが最後、目口から五臓を吐かせるがえいか（歌舞伎・男伊達初買曾我三）

まあ、こわい。そういえば、遠く昭和の中ごろ、日本国民が一家そろって同じテレビ番組に拍手を送っていたあの時代、「耳の穴から手ェつっこんで奥歯ガタガタいわしたる」というセリフがはやったことがありました（何それと思った方、「藤田まこと」「てなもんや三度笠」と言われてもピンと来ない方は、ご自分の若さを恨んでください）。あのセリフは、もしかすると、この由兵衛さんの啖呵が元ネタかもしれないな、などと想像がふくらみます。

でもまあ、「チョッカイを出す」＝「手を出す」というだけなら、たいして、へぇ！でもありません。本題はこちらです。同辞典の語義の③を御覧じろ。

③猫が前の片足で物をかきよせるような動作をすること

出た、猫！　しかも、「前の片足」って！　何と具体的かつ精密な記述でしょう。欲をいえば「片手」としてほしいところですけれども、それはさておき、この語義③の例文には、つぎの句が出ておりました。

ちょっかいにたつ名ぞ惜しき猫の夢（俳諧・洛陽集）

当てずっぽうの解釈ですが、猫がいて、男と女がいて、何やら浮名が立っちゃった、というような情景が思い浮かぶのであり、かつまた、そんなような和歌が百人一首になかったっけ？とも思うのであり、さらに当てずっぽうを重ねて記憶の底をまさぐり、うろ覚えの単語を並べて検索してみると（ああ、インターネットってほんとに便利）

……これこれ、この歌。

春の夜の夢ばかりなる手枕《たまくら》にかひなく立たむ名こそ惜しけれ（周防内侍）

もし当てずっぽう通り、この歌がさきほどの句の底にあるとすれば、「手枕、かいな（腕）」と来て、そこに猫の「前の片足」がからんで、かつまた季節は春で、もしかしたらまだコタツが出ているような春浅いころかもしれず、そうだ、さらにもしかしたら、源氏物語のあの有名な「カーテン開けちゃった事件」のように猫が恋の取り持ちをしたのかもしれず——いやあ、おもしろい。おもしろくて、色っぽい！

とにかく「チョッカイ」という語が、かくも猫に縁があったことを知り、無性にうれしくなった次第です。

『日本国語大辞典』に戻りますと、この大きな辞典には方言の紹介も出ていまして、山形の米沢あたりでは、猫などの前足そのものを「チョッカイ」といい、新潟や静岡では猫がちょっと手を出すこと、じゃれることを言うそうな。方言には語義の①や③が今でもそのまま残っているということでしょう。ついでながら、猫がらみのブログやインスタグラムを見ておりますと、猫がそうやってちょっと手を出すようすを「ちゃいちゃいする」と表現しているのをよく目にします。「ちょっかい」という語と、音の類似を感じますね。

つまり要するに、妙なかっこうで寝ている猫の手をつい引っ張っちゃう飼い主は、チョッカイにチョッカイを出していたわけですな。ちなみに、米沢といえば、わたくしの大好きな漫画家、ますむらひろしさんの出身地です。ますむらワールドの主人公ヒデヨシは、じつに愛すべき猫で（というには周囲におよぼす迷惑が超ド級ですけれども）、まさにチョッカイの天才です。

つぎつぎに連想がつながって、たのしいひとときになりました。

猫の手も借りたい

「猫の手も借りたい」という表現について、どうでもいい（けど気になる）ことを考えてみました。現実の猫は、飼い主がどんなに困っていても、絶対に手なんか貸してくれません。むしろ貸されたら困る気もいたしますが、とにかくそんな「猫の手」について、手もとの国語辞典をパラパラめくってみました。

非常に忙しくどんな助けでも欲しいさまにいう。（新潮国語辞典）

いそがしくてたいへんなようす。（三省堂国語辞典）

非常に忙しくて、どんな人にでも応援してもらいたい状態の意に用いられる。（新明解国語辞典）

非常に忙しく手不足なたとえ。（現代国語例解辞典）

非常に忙しいというたとえ。（岩波国語辞典）

非常に忙しく手不足な様子をたとえていう。（日本国語大辞典）

※傍線は筆者。

ま、予想したとおりというか、各辞書の記述に、さして違いは見えません。傍線を引いた部分の有無に、ささやかな個性が表れている程度です。

じつはわたくし、この部分に、小さな期待がありました。つねづね、「猫の手も」の「も」には二つの解釈が可能だと思っておりまして、それによって、全体の解釈が大きく変わってくるであろうと思ったのです。

以下の二つです。

①まったく何の役にも立たぬことがわかっている猫でもいいから
②ネズミ捕りなどでお忙しい猫に頼んだら悪いかもしれないけど

この部分を語釈に加えているのは、上記の辞書では新潮と新明解でしたが、残念ながら、どう猫びいきに解釈しても、両者とも①から出発している。②の可能性はゼロなのでしょうか。

たしかに近年、ネズミの捕獲に従事している猫は少ない。しかし、「猫はカワイイがしごと」という名言がございます。ですから、その「カワイイ」に励んでおられるところを悪いけれども、とか、はたまた、一日二十三時間も寝続けるという激務の最中に悪いけれども、とか、そういうのは、アリだと思うんです。だめでしょうか。

だめ、のひと言で話は終わってしまいそうなので、『日本国語大辞典』の「ねこ」の項を見ていて発見した、おもしろげな表現を二つ、ご紹介いたしましょう。

猫の蚤《のみ》取り＝猫の蚤を取ること。また、それを業としたもの

（例）五十ばかりの男風呂敷をかたにかけて、猫の蚤取りましょと声立まはりける

（浮世草子・西鶴織留三・四）

又猫の蚤をとらんと呼びあるきて、妻子（うから）を養ひしものもありけるとぞ

（随筆・燕石雑誌三・九）

なんと、猫の蚤取りが商売として成立していたというのです。しかも、家族を養うに足るほどの収入になっていたらしい。いい時代ですなあ。

もう一つ。

猫の鼻＝常に冷たいもののたとえ

（例）猫の鼻と愛宕山とは正夏も冷（ひ）ゆる（譬喩尽三）

猫の鼻と傾城《けいせい》の心は寒（つめたい）（諺苑）

愛宕山って、あの愛宕山でしょうか。東京都心の高峰、標高二十数メートルのあの山でしょうか。それとも京都のほうの愛宕山かしらん？　どちらにしても、涼しいところとは今は思えませんけれども、昔は涼しかったのかな。そして第二例、お女郎がなびかないのを猫の鼻にたとえるって、笑えます。たしかに起きているときの猫の鼻は湿っていて冷たい。冷たいけれども、うーん、そこで猫を持ち出すなんて、フラレてもあんまりこたえてない感じがしますね。というか、むしろ喜んでません？

「ねこすな」の発見

犬びいきのお方にはそろそろウンザリされそうですけれども、もう少しだけ、辞書の「猫」におつきあいくださいませ。

猫にもいろいろいますが、わが家の婆さま猫は、「埋めないタイプ」です。何をって、猫飼いさんならすぐにおわかりでしょう。食べたら出すのが生き物のならい。その出したもののお話です。猫のトイレには多くの場合「猫砂」というものが敷き詰めてあるのですが、猫には、出したブツをその猫砂に入念に埋めるタイプと、出しっぱなしのタイプがおりまして、わが家の長老猫は、後者なのです。じつに堂々と、イイコトした感いっぱいの顔で、事後そのままトイレを後になさる。

で、この件で、改めて「ねこ〇〇」を辞書で引いておりましたら、おもしろい発見がありました。

発見その一、辞書に「ねこすな」が収載されている！

え、これまで載ってなかったわけ？と驚かれましたか。そうなんですよ、載っていなかったんです。いや、断言はできませんけれど、わが家にある二十冊ばかりの国語辞典にはナシ。唯一載っていたのが、『三省堂国語辞典』の第七版でした。国内のペットの飼育頭数で、猫が犬を逆転したというニュースが数年前にありました。さすれば「猫砂」は日本国民にとっていまや基本語といってよろしい。「ねこすなって何だろう?」と思ったよい子がすぐに調べられるように、国語辞典はよろしく「猫砂」を立項すべきです。『三省堂国語辞典』がいつからこの語を載せているかつまびらかでないのですが、とにかく、猫飼いとしては、三国第七版をほめたたえたいと思うものであります。

ただし、手放しでほめるわけにはまいりません。その語義記述には、いささか問題がありました。

ねこすな［猫砂］（名）飼いねこのトイレに敷（シ）きつめる砂状のもの。尿（ニョウ）を含むと固まる

今、これを読んだ猫飼い人の半数がどよめくのを感じました。そう！　固まらない猫砂もありますよね！（ここで犬飼い人の大多数からドーデモイージャン的ため息が聞こえたような気がしますが、聞こえないふりで話を進めます）。現にうちの猫砂は、固まりません。いわゆるシステムトイレというものでして、すのこの下のシートで受けるタイプ。すのこの上には猫砂が敷きつめられていますが、これは「埋めたい」派の猫の欲求を満たすためだけの存在で、液体はさらっとここを通過、下のシートに吸収されるのです。

『三省堂国語辞典』のこの項の執筆は、誰の手によるのかなあ。とにかく、その方にゆかりの猫さんは、固まるタイプの砂をご愛用らしい。うふふ。

つぎはもう少し深刻なミスです。

発見その二、猫と犬を間違えている辞書がある！

どういうことかといいますに、「ねこばば」の項にこんなことが書かれているのを見つけたのです。

ねこ‐ばば　猫ばば（猫糞）〈―する〉拾い物などをして、それを届けたり返したりしないで、黙って自分のものとすること。「猫ばばをきめこむ」▼猫は糞をした後、後足で砂をかけてそれを隠すところから（現代国語例解辞典）

さあ、世の中の猫よ、猫飼い人よ、声を上げようではありませんか。「猫は、その作業を、手でするですにょ！」と。

猫がこの作業に使うのは、「後足」ではなく、前の足です。できれば「手」と言っていただきたい。後足で勢いよく砂を蹴立てるのは、ワンコです。ちなみに、何かと引き合いに出される天下の『広辞苑』には、「脚で」と書いてありました。前足も「脚」とみなせば、この書き方で問題はありません。『現代国語例解辞典』は、「後足で」などと、わざわざ書かずもがなのことを書いて失敗してしまったのですね。執筆者の頭に、とっさに犬の豪快な砂かけが頭に浮かび、まさか猫は違うとは思いもしなかったのでしょう。辞書の編纂に限った話ではありませんが、「知らない」ということにすら気づかないって、危険です。自戒を込めてそう思いました。

いや、ま、しかし、問題の本質は、使うのが手か足かではなくて、「ババ（＝糞）を隠す」行為が「悪行を隠す」ことにたとえられている点ですな。ブツを人目に触れさせぬようにしている猫たちの気遣いを何と心得ておるのか。……って、あれ？　それでいくと、隠しだてしない拙宅の婆さま猫は、「猫ババしない潔癖な猫」ということ？　んー、なんだか論理がヘン。

ところで、猫と国語辞典といえば、前から気になっている表現があります。「猫なで声」です。語釈には二説ありますね。

①猫をなでるときにヒトが出す甘ったるい声
②人になでられて喜んだ猫が出す声

私は断然①が正しいと信じるものであります。猫なで声の正体は、断然ヒトが出すものです。他人さまにはとうてい聞かせられない、不気味な声です。だいたい、猫はご機嫌なときには声を出しません。静かにクゥクゥ、グルグル喉を鳴らすだけです。ニャースカ鳴くのは、わからんちんのヒトに何かをわからせようとしているときです。いい加減に起きて朝ご飯を出せ、とか、たいくつだからそこのボールを投げてみろ、とか、そういうときです。そういうときなので、その声は甘くもないし、声といっしょに猫ぱんちが飛んで来たりもするのです。

いまだに②の語釈を残している辞書がほとんどなのですが、さっさと消してしまえばいいのに、と思います。そして、「猫砂」はもちろんですが、そろそろ、「猫草」と「カリカリ」も入れたほうがいいと思います。あと、「猫ぱんち」もあったほうがいいかな。

ほーろーほほー

バターケースを買いました。長らく使ってきた陶器のケースを、冷蔵庫の角にぶつけて欠かしてしまったのですよ。あわてて瞬間接着剤でくっつけてみたのですが、なんだか体に悪そうなにおいがするし、だいいち、バターを使うたびにしょぼくれた気分になってしまいます。バターケースぐらい買いなよ、と自分で自分を励ます。そこまでビンボーなわけでもあるまい？

よし、買おう。

先代は陶器の身でありながら四半世紀以上もがんばってくれた。わが年齢を思うと、つぎは、文字通り「一生もん」になるであろう。頑丈かつ、たいせつにしたくなるような美しいのが、ほしいな。――というわけで、せっせとネットをうろついて、これはと思うのを見つけました。本体はほうろうで、ふたは、先代と同じ、木製。穏やかな艶を帯びた白いほうろうの肌が美しく、木のふたがよく似合います。

長く使ってきたものを買い替えるとき、私は「引き継ぎ式」を執り行います。前任者と新人を並べて、挨拶をさせるのです。

「がんばんなさいよ。アタシみたいな目に遭わないようにね」

「はい、先輩！　ぼくは、ちょっとやそっとじゃ、欠けません！」

これをやらないと、何だか古いほうに化けて出られるような気がするもんですからね。かくて引き継ぎをすませ、新人くんに使いかけのバターを移して、改めて眺めます。うむ、われながら、よい買い物をした。

というところで、ふと気になる。はて、「ほうろう」とは、何語？　いや、むろん日本語なのですが、語種がわからない。片仮名で書くべき外来語でしょうか。それとも、「琺瑯」という漢字表記もあるから、漢語なのでしょうか。さらに、もし外来語だとしたら、もとはどこの国のことばなのか。それに外来語の場合、長音は「ホーロー」というように音引き記号を使うのが本来ですが、「ホウロウ」という表記もよく見かけますよね。この単語、いったい何者？

で、語源を調べてみました。

結果、語源は不明でした。

まずは国語辞典に当たってみたのですが、辞書も揺れていました。見出し語の表記からして、揺れていました。そして、語源の記述が、ない。どんな小さな辞書にも外来語には原語が出ているものなのに、ない。日本最大ということになっている『日本国語大辞典』さえ、華麗にスルーしています。「語源未詳」のひと言すらないというのは、どういうことか。

こうなると、非常にアヤシイ単語に思えてきます。しょうがないのでネットに頼りました。でも、モノの説明はあっても、コトバの説明にはいいのがありません。どうやらこれなら信じられそうだと思ったのが、こちらです。

一般社団法人日本琺瑯工業会

いかにも信じてよさそうな名前でしょう？　で、この団体のホームページにこう書いてあったのです。

さて、この「琺瑯」という言葉、どこからきたのかといえば、実は定説がないのです。

ないのです！　こんなに身近なモノなのに。

というわけで、これ以上の詮索はあっさり放擲《ほうてき》しました。一般社団法人日本琺瑯工業会でもわからないと言っているものを、私ごときが思いつきで調べたって、わかるわけがありません。

でも、今回の探索で、一つ収穫がありました。古い小説などに、たまに「瀬戸引き」ということばが出てきますでしょう？　あれ、ほうろうのことだったのです。ご存じの方はとっくにご存じのことだったでしょうけれど、私はこれまで何となくあいまいに読みすごしてきておりました。たとえば「瀬戸引きの洗面器」「瀬戸引きの薬罐《やかん》」、これからはバッチリ脳内に絵が浮かびます。登場人物がそれを扱うときの音や感触を鮮明にイメージすることができます。すごく、うれしい。それと、もう一つ。七宝焼きも、ほうろうなんですって！　土台の金属が違うだけのことで、製法の原理は同じなのだそうです。さらにさらに、歯の表面のエナメル質、あれも別名、ほうろう質という！

で、どう表記するかの問題は依然残っておるわけですが、うーん、あの冷たいような温かいような、きれいな光の具合は、「琺瑯」の文字が似合うんじゃないかという気がします。でもわが家の新人バターケースくん（なぜか男子なのだ）には、「ホーロー」の軽快さが似合うような気もします。

ではさて、ホーローくん、末永く、よろしくね。ホーローもじつは打たれ弱い（＝衝撃に弱い）という事実、彼には気づいてほしくないので、ないしょです。

「恋しい」の長々しい分析

秋冷の候、人肌恋しい季節ともなりますと、さしも抱っこ嫌いの猫も、人肌が恋しくなるようです。秋は猫を抱っこするのが気持ちのいい季節。夏のあいだはへたに抱こうものなら、汗ばんだ腕が毛まみれ必至ですからね。人肌恋しい秋は、猫もヒトもしあわせな季節です。そんなわけで、この「恋しい」というステキな形容詞について考えてみましょう。

まずは構文です。

こんな日は昔いっしょに暮らした猫が恋しくてならぬ。
ウイグル旅行五日め、そろそろ日本食が恋しくなってきた。

というように、「恋しい」の前には、格助詞の「が」を使います。一般には「が」というのは主格のイメージだと思いますが、ここでは「恋しい」という感情の主体は、省略されている「私」とか「ぼく」であって、その感情の向かう先に「が」が使われています。この「～が」の位置に来る要素、右の例でいえば「人肌」「猫」「日本食」を、文法用語では、「対象語」といいます。ふつう「対象」というと、「猫を拾う」「猫を飼う」のように格助詞は「を」を使うものですが、ある一群の述語の場合、意味的には対象なのだけれど、格助詞は「を」よりも「が」を取りやすいのです。ある一群の述語とは、この「恋しい」のほかに、たとえば、「好き、嫌い、わかる、ほしい、〜したい、できる（を代表とする可能動詞）」などです。「猫が好き」「猫が飼いたい」「日本語がわかる犬」「ペットが飼えるアパート」という具合です。

という文法くさい話はこれくらいにして、「恋しい」の意味を、国語辞典で見てみましょう。いつも語釈がうまいなあと思うのは、『三省堂国語辞典』ですが、今回「恋しい」でいちばんストライクゾーンが広いと感じたのは、『岩波国語辞典』の語義説明でした。

そのものが身近にはなく（その人のそばには居られず）、どうしようもなく慕わしくてせつないほどだ。

そばにない（いない）というのが第一のポイントですね。当の猫を目の前にして「猫が恋しいなあ」とは言わないし、塩サバ定食をつつきながら「日本食が恋しい」とも言いませんもんね。そして、「慕わしくてせつないほど」の対象としては、やはり、なじみ深い物や人や場所ということになるでしょう。いくら「今ここにあればなあ」と思ったとしても、「充電スポットが恋しい！」とは言わないような気がします。

　でも、非常になじみ深い場所で、かつせつないほどの（切羽詰まった）欲求があっても、「うう、トイレが恋しい！」とは言わない気がします。なんでですかね。この点は、さらなる考察が必要ですね。

　と悩んでいたら、ある方にヒントをいただきました。たとえばトイレ事情のよろしくない辺境の地を旅してちょっと疲れちゃったバックパッカーなら、「ああ、自宅のトイレが恋しい！」と言うんじゃないですか、と。

　おお、たしかに。それは、たしかに、言いそうです。となると、「慕わしい」がやはり重要な要素なのでしょう。ふつうに町で暮らしている日々においては、たまたまその日お腹の調子が悪くて緊急にトイレに赴く必要が生じたとしても、そしてそれがそのときたまたま「身近に」見当たらなかったとしても、「恋しい」とは言いません。トイレが慕わしく、恋しくなるのは、柔らかな二枚重ねのペーパーや、ボタン一つで作動する小さな噴水など夢見るべくもない過酷な旅の途次においてでありましょう。

だとすれば、毎日ナントカラテを飲みに通っているような人の場合、山奥やタクラマカン砂漠の真ん中で、「ああ、スタバが恋しい！」「フリーＷｉ‐Ｆｉが恋しい！」ぐらいのことは言うかもしれませんね。その人にとってなじみ深く、かつ慕わしい場所なら、いいのでしょう。

あと、もう一つ考えたい要素が、「温かさ」です。夏を迎えて「水が恋しい季節」と言う例はありそうではありますが、どうも、涼しい場所、冷たい物と「恋しい」は、なじみが悪いように思うのです。いかがでしょうか。

いやあ、こう暑いと、ガリガリ君が恋しいね。

いやあ、冷えますなあ。鍋が恋しい季節ですな。

どうでしょう。二つ並べてみると、どうもアイスキャンディーよりは鍋料理（や、熱燗や、コタツ）のほうが、しっくり来ませんか？

そんなわけで、以上の考察を岩波さんに加味するとすれば、身も心もあたたかくなるような、なじみのあるものが容易にアクセスできるところにはなく（またそのような人のそばには居られず）、どうしようもなく慕わしくてせつないほどだ。

こんな感じですかね（長いって！）。

第5章

愛せない日本語

この世にタダシイ日本語とタダシクナイ日本語がある、という考え方を私はしたくありません。もちろんうっかり間違えちゃった、と本人が自覚している場合は、その日本語は正しくないのでしょう。でも、アリだもんね、と自信を持って使っている分には、その日本語はすべて「日本語」です。ただし、「多数派の日本語」と「少数派の日本語」はあります。そして、かつて少数派だったラ抜きことばが今や多数派にのしあがったように、ことばは今も変化し続けており、きのうの誤用が明日の正用になる可能性も、あります。

とはいうものの、どうしても好きになれない日本語は私にもあります。その日本語はタダシクナイ！と叫びたくなることも、あります。本章はそんなちょっと「毒吐き」の章でございます。

あってはならない「あるまじき」

「まことに、あるまじきことで、きわめて遺憾《いかん》であります」ということばとともにマイクの前で深々と腰を折るや、ずらりと並んだ頭頂部にカメラのフラッシュがいっせいにまたたく。あの謝罪記者会見での謝罪がちっとも謝罪に聞こえない理由を、考えてみましょう。
「あるまじき」は「あってはならない」という意味の、文語表現です。「〜まじき」は、否定の推量の助動詞「〜まじ」の連体形です。もー、そーゆー文法用語は頭痛くなるからやめて！という方も、この古めかしい助動詞は、案外、ちょっとした会話の中などで使っているものです。

許すまじ、ＡＢ政権！
＝民主主義の破壊は、許さないぞ！

すまじきものは宮仕え。
＝勤め人はツライよ。するもんじゃないね。

世に盗っ人の種は尽きまじ。
＝ドロボーがいなくなるなんてことは、ま、ないだろうね。

ここで、ん?と思われた方は、スルドイ。さきほど、「〜まじ」は「否定の推量の助動詞」と書きました。しかし右に挙げた三例のうち、《否定の推量》に当たるのは、現代語で「ない＋だろう」と訳せる、三つめの例の「尽きまじ」だけです。宮仕えの例は、「するものではない」という《不適当》を表すし、デモ隊の例は、「許さないぞ!」という《否定の意志》を表しています。

どういうことでしょう?

三つはずいぶん意味が違うように感じられますが、じつは根っこは一つです。「〜まじ」の根本は、「まだ起きていないことの否定」であって、その点は全部の例に共通しています。意味が分かれるのは、隠れている主語の違いによるのです。

隠れた主語をごまかすな!

もう少しなじみのある助動詞を使って説明してみましょう。現代語でふつうに使われる「〜う/よう」や「〜ましょう」も、「〜まじ」同様に、隠れている主語の違いで意味が分かれます。

いい天気だなあ。きょうは外でご飯食べようっと。
…食べるのは私　↓《意志》

ねえねえ、外へ食べに行こうよ。きっと気持ちいいよ。
…食べに行くのは私とあなた　↓《誘いかけ》

このお天気は今しばらく続くでありましょう。
…続くのは、お天気　↓《推量》

どれも「これから起きること」ですが、一人称だと《意志》になり、二人称を巻き込むと《誘いかけ》になり、「天気」という三人称だと《推量》になっています。「〜まじ」も同じです。「許すまじ！」の主語は、「私」という一人称、「(宮仕えを)すまじ」の主語は、一般論としての二人称(もしくは聞き手を含む「我々」)、「尽きまじ」の主語は、「盗っ人の種」で、三人称。そして、それぞれに応じて、「〜まじ」の意味も、《否定の意志》、《不適当》、《否定の推量》になる、というわけです。おもしろいですね。

で、さて。

政府や企業や団体で不祥事があったとき、責任者と思しき人が、苦渋の表情で記者会見に臨み、たいがい、こういうことをおっしゃいますな。


まことに、あってはならないことで、遺憾に思います。


この「あってはならない」は、ちょっと古めかしく言えば、前項、冒頭の例文「あるまじき」であります。「まことに、あるまじきことで、きわめて遺憾であります」。

では、この場合の「ある」の主語は？　そう、三人称です。「収賄／不正会計／安全審査の手抜き／個人情報の流出／公文書の改竄《かいざん》」等々が、主語です。つまり、これを正確に解釈するに、彼らは、「あるはずのないことが起きてしまった」と言いたいらしい。「ボクの知らない間に起きちゃったの」と。

ううむ。

素朴な日本語教師としては、思うのであります。本気で謝る気があるのなら、つぎのように言うべきではありますまいか。

まことに、してはならないことをしてしまいました。ごめんなさい。

そう、一人称で語るべきであろうと思うのです。「私」あるいはせめて「私たち」という一人称で、すなわち主語を引き受けた文で、語るべきです。

痛ましい事故でたいせつな家族を失った遺族や、被害届を出したのに捜査を棚上げされた被害者や、安全基準の不確かなマンションを知らずに買わされた住民や、原発事故でふるさとを捨てさせられた人たちならば、「あってはならない」とか、「あるまじき」と言う資格があります。でも、「した本人」が使っていい表現ではない、と思うのです。

よく、日本語は主語があいまいだ、などと言われますが、決してそんなことはありません。日本語は、明示しなくても主語がわかるしくみを備えた言語です。しかし、主語を明示しなくてもわかる、ということと、主語をごまかしてもいい、ということは、まったくの別問題です。

しょせん、記者会見で頭を下げているあの人たちは、「したこと」の責任を引き受けるつもりがないのでしょう。

困った軛《くびき》

日本語を商売にしているからといって、日々、ことばのアラ探しをしているわけではありません。でも、ことばの「事故」は楽しむ派です。今回の案件は、新聞の折り込みチラシで見つけた、こちら。化粧品の広告です。

シミも、ハリも、これ一つ

いわゆるアンチエイジング化粧品というもので、このクリームをひと塗りすれば、あーらふしぎ、たちまち若々しいお肌が手に入るらしい。が、果たしてこれを購入してよいものか、わたくしは激しく迷うものであります。

「AもBも〜」と言うとき、「Aも〜。そしてBも〜」と解しますよね。つまり「〜」の部分は、AとBの両方に共有さるべきものです。こういう構文を「軛《くびき》語法」といいます。「軛」とは、馬車の横木です。馬の胸のあたりにつけて、馬が引く力を車へと伝えるものです。ここでは二頭立ての馬車をイメージしてください。シミ号とハリ号が、一台の馬車を引いています。そして、その馬車にあたる部分に来る単語は広告では省略されていますが、補うとすれば、「(これ一つ)で解決する／かなう／解消できる」といったところでしょう。

ううむ……。

ええ、「解決」したいのはシミです、たしかに。でもハリではないなあ。強いて言えば、「ハリのなさ」かなあ。共有部分が「解消」だとしても、やっぱり変です。シミはたしかに「解消」したいけれど、ハリを「解消」されるのは、いやいやいや、それは困ります。ハリは何としても残しておいていただきたい。だからハリが「かなう」のはうれしいけれども、だからって、シミまで「かなう」のは、御免です。

同じ広告の右の方には、「ハリケア」「シミケア」という文言も見えます。この「ケア」の解釈もおもしろいですな。

残ったハリを温存すべく手入れする

できたシミを撲滅すべく手入れする

まるで正反対の行為をまとめて「ケア」と言っています。

この手のうっかりミスは、なぜか化粧品の広告に多い。名の通った大手メーカーの広告にもちょくちょく見かけます。ま、言いたいことは通じますから、ミスとまではいえないかもしれません。でも、一種の手抜きではありますね。手抜きの結果、論理的に破綻しています。「馬車」が空中分解しそうです。

あやしいナカグロ

なぜでしょう。こうした妙な「軛」は、化粧品のほかに、医薬品や美容健康サプリメントのコピーにもよく見かけます。

シミ・ハリのない肌に和漢のちから

さあ、あなたはこのサプリを買いますか?

「・」を「ナカグロ（中黒）」と呼びます。単語をいくつか並べ、その間にちょんちょんと入れて、前後の語の関係が対等であることを示します。たとえば、「猫には、三毛・灰色・サビ・白・黒など、いろいろな毛色がある」のように使います。同じく文を区切る符号としてはほかに「、」（読点）がありますが、ナカグロは読点よりも粘着力が強い符号です。全部の区切りを読点にすると文全体の構造がわかりにくくなってしまいそうなとき、くっつけたいものをひとまとめにするのに便利です。右の例では「三毛」から「黒」までをひとくくりにして「猫には、いろいろな毛色がある」という文の中に入れ込んでいるわけです。

ですから、右の広告文は、重大なミスを犯しております。ミス、と言っちゃっていいと思うんですよ。

だって、

シミのない肌
ハリのない肌

二つは、まったく需要が正反対。その両方を同時に対等に追求するサプリって、いったいどんなの？なーんてイジワルを言いたくなりますもん。もちろん、書いた人は、つぎの二つを並べたつもりだったのでしょう。

シミ
ハリのない肌

でも、ナカグロの性質上、読む人は、その前後に並ぶものを、見た目からもボリュームからも対等のものとして読み取りがちです。だから、読み手の視線は、とっさに前後の片仮名二文字を拾い上げ、「『シミとハリ』のない肌」という読みを脳内に浮上させてしまう。

その場合でも、ま、さいわい文は完結してませんから、「〜に和漢のちから……」のうしろを無理くり二通りに解釈すれば、かろうじて筋は通らないこともありません。

和漢のちからがシミのない肌にします！

和漢のちからがハリのない肌に効きます！

もしくは、こうですかね。

和漢のちからがシミのない肌にします！
和漢のちからがハリのある肌にします！

でも、「する」と「効く」などと違う要素を省略するなんて、ルール違反です。「ない／ある」の入れ替えを読む人にゆだねるのも、いかがなものでしょうか。いくら文脈依存度の高い日本語でも、そこまで甘えちゃいけません。「間違った日本語」などと声高に糾弾するつもりはありませんけれど、「不親切な日本語」とはいえるでしょう。ことに、読んでスルッと理解さるべき広告の文面としては、ＮＧだと思います。

輓語法やナカグロの不適切な用例が化粧品や医薬品に目立つのは、あれもこれもとやたらに効き目を並べたてたくなるからなのかもしれません。でも「倦怠感・疲労回復に、グイッとこの一本！」なんて勧められましても、ねえ。はてさて、飲むべきか飲まざるべきか。倦怠感を回復されても困りますし……。宣伝部のみなさま、ご注意くださいませ。

「夫婦」ですか？　それとも「共働き」？

ここ数年、暮れになるとやたら「ふるさと納税」のお誘いが目につきます。十二月末日までの寄付が節税に効果的ですよ、という話。実質二千円で、お得な「お礼」がもらえちゃいます、と。

そんなのはもはや寄付とは呼べないし、総務省が「節税」の旗を振るなんて、発想自体がおかしくないですか？　ワタシは清く正しき納税者でありたいぞ——と思いつつ、つい、欲に負けて、沖縄を応援する「ついでに」オリオンビールを「買って」しまったりするんですな。そんな人間ですので、この制度を批判する資格はありません。が、日本語教師として、こちらの表の、ある文言にはどうにも引っかかりました。総務省の「ふるさと納税ポータルサイト」にあった表です。

これは、「実質二千円」におさめるためには、寄付金額に上限がある、そして、それは世帯の年間収入によって違う、それを知るための早見表です。気になったのは、

◇全額控除されるふるさと納税額の目安

（年間上限・平成27年度以降）

ふるさと納税を行う本人の給与収入	ふるさと納税を行う人の家族構成						
	独身又は共働き	夫婦	共働き＋子1人（高校生）	共働き＋子1人（大学生）	夫婦＋子1人（高校生）	共働き＋子2人（大学生と高校生）	夫婦＋子2人（大学生と高校生）
300万円	28,000	19,000	19,000	15,000	11,000	7,000	
325万円	31,000	23,000	23,000	18,000	14,000	10,000	3,000
350万円	34,000	26,000	26,000	22,000	18,000	13,000	5,000
375万円	38,000	29,000	29,000	25,000	21,000	17,000	8,000
400万円	42,000	33,000	33,000	29,000	25,000	21,000	12,000
425万円	45,000	37,000	37,000	33,000	29,000	24,000	16,000
450万円	52,000	41,000	41,000	37,000	33,000	28,000	20,000
475万円	56,000	45,000	45,000	40,000	36,000	32,000	24,000
500万円	61,000	49,000	49,000	44,000	40,000	36,000	28,000

【総務省「ふるさと納税ポータルサイト」より作成】

このうちの、家族構成という欄です。

「独身又は共働き」／「夫婦」とありますね。私が引っかかったのは、ここ。


「共働き」／「夫婦」


「共働き」と「夫婦」が対照項目になっている。

変ですよね？

変でしょう？

つねづね、タダシイ日本語なんてない、適切かどうかだけが問題だ、と主張しているつもりですけれども、この手の表の場合は、別です。ルールや法制の説明は、どんな立場の人がどう読んでもすっと理解できるものでなければなりません。そういうのは、ぜひとも「正しい日本語」でお願いしたい。

念のためにもう少し確認したところ、「共働き」と「夫婦」の項目にはちゃんと注釈がついていました。引用します。

「共働き」は、ふるさと納税を行う方本人が配偶者（特別）控除の適用を受けていないケースを指します。「夫婦」は、ふるさと納税を行う方の配偶者に収入がないケースを指します。

ふむ。

配偶者に収入があるかないか、ということですよね。つまり「夫婦」に二種類あるといっているわけですね。だとすれば、それは「○○夫婦」と「△△夫婦」であるべきです。「○○」と「夫婦」を対照させるのは、変です。

すなわち、正しい書き方は、この場合こうなるはずです。

「共働き夫婦」／「片働き夫婦」

「片働き」なんて単語は聞いたことがないと思われるかもしれません。私も聞いたことはありません。でも「共働き」と「夫婦」を対照させたら、まるで「共働き」は「夫婦」ではないみたいじゃありませんか。対等に何か冠をつけるとしたら、「片働き」

しかあるまいと考えました。

表はさらに続いていて、子の有無と年齢の例も挙げられています。

「共働き＋子一人」

「夫婦＋子一人」

ここでも「共働き」と「夫婦」がまるで反対語のように並んでいる。考えるまでもなく「独身＋子」という世帯もあるわけですし、ゆくゆく同性婚が認められれば「夫＋婦」という単語自体がそぐわない事例も当たり前に出てくるでしょう。もしかしたら「親」が三人いる世帯もアリかも。

そのあたりのことは今は脇におくとして、現時点における「フツーの夫婦」観で見たとしても、「夫婦」と「共働き」を横に並べるのは、まず日本語としておかしいと思います。「共働き」が「共働き夫婦」の略だとしても、「夫婦」という上位語と、その下位分類であるところの「共働き夫婦」という下位語を同列・同位に並べることになるからです。「上位語／下位語」というのは、つぎのような関係にある単語たちのことです。

【上位語】　　　　【下位語】
動物　————　犬、猫、ライオン、カピバラ……
くだもの　————　りんご、みかん、柿、バナナ……
スポーツ　————　サッカー、野球、テニス、弓道……

たとえば「うちは動物や犬を飼ってます」って、変ですよね？　「柿とくだものとどっちが好き？」なんて聞かれたら困りますよね？　「ぼく、サッカーやスポーツなんかの弓道が得意です」って、もう何言ってんだかわかんないですよね？　それを、総務省のこの表は、「お宅は夫婦ですか、それとも共働きですか？」と言っているわけです。変です！

つぎに、法や制度の説明においてこのような単語の配列を許すことは、理念として間違っている、と思います。なぜなら、これは、「片働き夫婦」をデフォルト扱いすることだからです。男と女が結婚して家庭を作ってその片方（ま、男でしょうな）だけが働いている、わが国はそういう家庭像を標準扱いしますヨ、と社会に宣言していることになるからです。

「夫婦」のデフォ

話はちょっとそれますが、先ごろネットをウロウロしていて、「デフォのラーメン」という表現に出くわしました。麺の太さや茹で具合、スープの濃淡などにとくに注文をつけず、またトッピングも加えない、その店で基本形として供されるラーメン、という意味であるらしい。「デフォ」は「デフォルト」の略だそうです。

なるほど〜。

何でもかんでもカタカナにするのは感心しないけれど、「ふつうのラーメン」という言い方だと、大盛りじゃなくて並盛りってこと?とか、味噌や豚骨じゃなくて醤油味ね?とか、ズレた解釈をされてしまうかもしれません。「特別な注文をつけない基本のラーメン」と言いたいとき、「デフォ」はたしかに便利かもしれぬ、と思いました。

じつは言語学にも、似たような考え方があります。二つの対立項があったとき、その違いを生むシルシがついている方を有標、シルシのついていない方を無標と呼びます。ごく平たくいってしまえば、フツーが「無標」、トクベツが「有標」です。シルシなしのフツーが「デフォルト」です。

たとえば、ほとんどの言語において、「肯定」は無標で、「否定」は有標です。「飲む」にくらべて「飲まない」は長いし、「飲める」にくらべて「飲めない」は長い。また、「単数」は無標で、「複数」は有標です。the cat にくらべて the cats は s という一字分、長い。意味がフツーのものは、形も短く単純。意味がトクベツのものは、形も長く複雑。トクベツを表すときは、たいてい、フツーに何かがくっついた形になるのです。デフォルトじゃないラーメンを注文するとき、「メンカタ、脂マシマシ！」と付け足すように。

ことは言語外の世界にも関わってきます。

典型的なのが、ジェンダーをめぐるあれこれです。「女流作家」「女子アナ」「女子マネージャー」等々、「男流作家」「男子アナ」だのとは言わないのに、女であることが有標になっている表現は多い。語の上で、女性性がシルシつきになっているのです。つまりはトクベツ扱いされているということです。

話を戻します。

制度の説明として世帯の形態例を並べる表では、「片働き夫婦」にも「共働き夫婦」にも同じようにシルシをつけるべきです。略すとすれば「片働き」と「共働き」にすべきです。一方だけを無標で表示することは、それをフツーだ、デフォルトである、と認識し、そう公言することです。一方だけを有標で表示することは、それをトクベツだ、標準じゃない、と言っているのと同じことです。

やれ多様性だダイバーシティだと謳《うた》いながら、「片働き男女のペア」だけを「デフォの夫婦」とする、そんなことをやっていてはいけないと思います。国として、恥ずかしいことだと思います。

「〜とすれば」のイヤな感じ

「末は博士か大臣か」というのは、将来を嘱望《しょくぼう》される子どもをほめるときの定番のフレーズですが(でしたが)、博士のほうはともかく、大臣の価値はこのごろだいぶ下がったようです。ほとんど毎月のようにいろいろな失言がニュースになる。ニュースになったときの対応もなげかわしい。まず否定する、否定しきれなくなると誤解だと言い張る、それでも世間が許してくれないとやっと謝る——こんな流れがお決まりです。で、その謝るときによく聞かれるのが、これです。


一部の方々を傷つけたとすれば、たいへん遺憾であります。

私のことばが誤解を与えたとしたら、お詫びいたします。


政治家は、ことばで社会を動かすのがしごとなのだから、そんなにしょっちゅう「誤解」を招くような発言をしてはいかんでしょう。それに第一、誤解だろうが正解だろうが、ひとを傷つけることは、いつだってたいへんに申し訳ないことであるはず。と、いろいろ突っ込みたいところがいっぱいですが、日本語教師としての私が気に入らないのは、「〜とすれば」「〜としたら」の部分です。これは仮定条件を表す文型です。

（事実かどうかわからないが）もし事実であると想定した場合……

または、

（実現しないかもしれないが）もし実現すると考えるなら……

ということです。つまり、「僕ぁ傷つけたなんて思っちゃいないけどさ、そっちが勝手に傷ついたって言うんなら、まあ、傷つけたのかもね。すまんね」と言っているに等しいのです。

よく「歴史にifはない」とか「タラレバの話をしても無意味だ」などと言うことがあります。あれはつまり「仮定の話」という意味なのでしょうけれど、タラレバ、すなわち「〜たら」とか「〜ば」による条件節は、必ずしも仮定の話とは限りません。じつは条件節には二つあるのです。「仮定条件」と「確定条件」です。

「寄らば」と「寄れば」

またしても猫を持ち出して恐縮ですが、あの生物は、狭くてゴチャゴチャしたところが大好きです。ですから、猫のいる家庭における季節の衣替えは一大事業。猫が別室ですやすや眠っているときを見計らって作業を始めるのですが、はっと気づくと目の前のタンスの引き出しに潜り込んでいるのです。ワープした？ 飼い主は猫を取り出し、毛だらけにされた衣類を打ち振るい、ため息つきつき作業のやり直しを強いられることになります。

納戸の整理もしかり、捨てようと思った段ボール箱しかり、とにかく猫は隙あらばすきまにもぐりこもうと狙っているのです。そしてもう一つの特性は、寝ることですね。暇さえあれば寝ています。彼らの一日は「暇」で構成されていますから、つまるところ一日じゅう元気に寝ています。

さて、右の駄文には、二つの「〜ば」が出てきました。お気づきでしょうか。「隙あらば」と「暇さえあれば」です。使われている動詞は、どちらも「ある」です。しかし「〜ば」に続く活用形が違っています。「あら＋ば」と「あれ＋ば」です。「あら」は未然形、「あれ」は已然《いぜん》形というものです。同じ「〜ば」に続いて条件節を作りますが、「未然形＋ば」は仮定条件を、「已然形＋ば」は確定条件を表します。

「未然形＋ば」…仮定条件

（例）猫は隙あらばすきまにもぐりこもうとする。

⇔もし隙を見つけたらそのときは

「已然形＋ば」…確定条件

（例）もう！　暇さえあれば寝てるんだから。

⇔暇があるときはいつも

ところが、現代日本語では、「未然形＋ば」の形は、廃れてしまい、仮定の話だろうが確定の話だろうが、条件節を作るときの活用形が、「已然形＋ば」に一本化されてしまいました。形が一つになってしまうと、意味の識別もしにくくなるのは自然なこと。現代語をしゃべる日本人は、よほど語感の鋭い人でないと、仮定条件と確定条件の違いを認識できません。右の二例の違いも、何だかはっきりしないなあ、と感じる人のほうが多いことでしょう。そして英語その他の外国語学習の際、仮定法過去だとか仮定法過去完了だとかが出てきて、イマイチ腑に落ちないと感じる人も多いのではないでしょうか。現代日本語から「未然形＋ば」が消えてしまったことにもその一因があるのではないかと、わたくし思います。

でも、古いほうの「未然形＋ば」も、一部に残っています。「隙あらば」もそうですが、格言や決まり文句などの、固定化した言い回しには二つの違いが残っているのです。

（仮定）寄らば大樹の陰
（確定）女三人寄れば姦《かしま》しい

中小企業のほうがしごとはぐんとおもしろかったりするし、男どもだって集まればうるさいじゃないの、と思いますけれども、内容の妥当性はともかくとして、今でもよく使われる格言ですね。「寄る」という動詞は五段活用の動詞ですから、仮定形は「寄れば」です。しかしそれは、現代語での話で、かつては、もう一つ、「寄らば」という形もありました。「寄らば」というのは「未然形＋ば」、「寄れば」は「已然形＋ば」です。「未然」というのは文字通り「未だ然（しか）らず」ということだし、「已然」は「已（すで）に然り」です。だから否定や仮定条件に続くのは未然形。ちゃんと意味に呼応した命名だったんだなあと、日本語教師になってから納得しました。

つまり「寄らば」は仮定条件、「寄れば」は確定条件です。つまりつまり、「もし寄りかかるとするなら大きな木がいい」（仮定）、「女が三人寄りあつまると、つねにいつだってうるさい」（確定）ということです。

かつては二つの「～ば」があって、形が違うとおり、意味も違っていたということ、ほかにもいくつかペアにしてご紹介します。ご自分が、仮定条件と確定条件の違いを感じ取れるかどうか、チェックなさってみてください。

（仮定）海ゆかば水《み》漬《づ》く屍《かばね》
（確定）旅ゆけば駿河の国に茶の香り
（仮定）箱に入るのは、言わば猫の義務だね
（確定）そう言えば猫はどこ？
（仮定）待つとし聞かば今帰り来む
（確定）聞けば魚屋のタマが帰って来たそうですな

時代劇のセリフにありそうな例も、追加しておきましょう。

（仮定）ならばおぬしが行くか？
（確定）なればこそ、ここはお控えくだされ！

そのほか、同じ動詞を使ったペアでは見つけられなかったのですが、左記のような

「未然形＋ば」も、まだまだ健在です。

（仮定）毒を食らわば皿まで
（仮定）死なばもろとも

誤解を招いた（としたら）

前述のとおり、現代日本語では、この「未然形＋ば」の形は一部の格言などを除いては消えてしまい、「已然形＋ば」に一本化されてしまった。しかし、意味のほうは両方残っている――ふだん日本語ネイティブはそんなこと意識していないし、文脈や、「もしも」「仮に」などの副詞の有無などによって、仮定か確定かを判断していますから問題はありません。でも学習者の母語によっては、かつての日本語のように、仮定と確定をきっちりべつの形で表現し分けている言語もあるかもしれません。そんな学習者に対して、不用意に二つの「～ば」をまぜて例文を提示したりしては、混乱を招くこともありえます。

日本語教師としてはそうした事態を避けるため、できるだけの手段を講じたいところです。また、条件節には、「〜ば」のほかにも、基本的なものだけで、「〜と」と「〜たら」があります。多くの日本語教師がトバタラと呼んで、学習者からの質問をおそれている一群です（少なくとも私は戦々恐々）。前件と後件の動作主の異同だとか、時間関係（継起性）だとか、もろもろのややこしい要素がからまって、精妙な使い分けがなされているからです。そしてそのくせ、往々にして、トでもバでもタラでもとりあえずは通じてしまうことも多いので、学習者のモチベーションを維持するのもむずかしい。

私は、「〜ば」は、少なくとも導入時には、仮定条件、それも後件を実現するための必要条件の用法を中心にしたいと思っています。「（もし）おいしいものをくれれば乗る（けど、くれなければ乗らない）」という具合です。人の膝に乗るのがあまり好きではない拙宅の灰色しましま猫が考えていそうな交換条件です。ですから、「〜ば」を使う疑問文も、典型的には、疑問詞を前件に置いて、「どうすればいいですか？」となります。ある事態の実現のために必要な条件を問う質問です。

それに対して、「〜と」は、確定条件を表すのに向いています。一般則や習慣的行為などです。「春になるとソワソワする」とか「しっぽをつかむと怒る」とか「朝起きるとまずご飯の催促」という具合です。ですから、疑問文も、後件に疑問詞が来ることが多く、「～すると、どうなりますか？」のようになります。一定の条件の下でどのような結果が出るかを問う疑問に使われることが多いのです。

しかし、現実には、その教育機関が採用している教科書や、コースの指導方針に従わなければなりません。トバタラをどういう順番で教えるかという、「導入順序」も大きな要素です。また、どんなに慎重に教案を立てたとしても、教室の外から入ってくる情報（「生きた日本語」！）を遮断することは難しく、学生の一人が爆弾質問をすれば、組み立てた教案が崩壊する危険もあります。そんなわけで、毎回学習者からの質問におびえておりますが、ひるがえって、中学生の自分が英語の授業で仮定法をおそわったとき、なんとなく曖昧《あいまい》模糊《もこ》とした霧がただよっていたのは、母語である日本語の仮定表現がちゃんと理解できていなかったせいかもしれないゾ、とも思います。

なお、関西方言では、なにかと「～たら」が好まれるようです。東のほうでは「行けばいいじゃないか」と言いそうなところで、「行ったらええやん」なんて言うらしい。学生からの質問に追い詰められてにっちもさっちもいかなくなったような場面では、「もう全部タラでいてまえ～」という気にもなります。

しかしながら、「〜たら」と「〜としたら」は別です。「〜ば」と「〜とすれば」も違います。「〜たら」や（現代語の）「〜ば」は仮定にも確定にも解釈し得るのですが、「〜としたら」および「〜とすれば」は、純粋に仮定条件にしか使えません。昔の日本語の「未然形＋ば」と同じ働きをするのです。

したがって、明らかに相手を傷つけてしまったときや、明らかに相手が自分の言いたかったことを取り違えている場合、つまりそれらが確定的な事実である場合に、「傷つけたとすれば」「誤解を招いたとしたら」などと、口にしてはいけないと思います。そういうときの「タダシイ日本語」は、「傷つけてごめんなさい」「誤解を招く言い方をしてすみません」であるべきです。そもそもが誤解じゃなくて大正解であることが多いのは、また別の（大）問題ですけれどね。

気になってございます

じつは、六年前に手話の勉強を始めました。手話というのは、日本語などの音声言語とはまったくべつの魅力を持つ、何とも興味深い言語です。夢中になって勉強を続ける中で、二年前、地元の手話通訳者登録認定試験に合格しました。学習歴六年といっても、勉強の時間はせいぜい週一回、二時間程度です。とうていじゅうぶんな技量は身についていませんから、登録後もさまざまな研修や勉強会に参加して、走りながら訓練を受けている状況です。また新米通訳者の場合、現場には必ず先輩の通訳者が同行してフォローしてくださることになってはいますが、それでも、聞こえない人たちの情報保障がわが身に（拙《つたな》いわが手に）かかっていると思うと、現場では毎回手も足も震える思いです。

ちなみに手話通訳士という、これは技量も経験も私などとは段違いにレベルの高い専門家がいますが、それとて、今のところはまだ国家資格ではありません。日本語教師もそうですが、手話通訳という職業も、早く確かな身分とじゅうぶんな報酬が約束され、若く優秀な人たちがどんどん参入してくれるようになればいいな、と思います。

今その問題はおくとして、本業のあいまにぽつりぽつり通訳のしごとを引き受けるようになりましたら、これまでになくお役所やお役所的現場に出向く機会が増えました。地元自治体のいろいろな式典や〇〇祭りなど、以前の私にはとんと縁のなかった場所です。そうそう、恥ずかしながら、議会の傍聴というものにも、手話通訳のしごとで初めて行きました。

で、そうした派遣先で頻々《ひんぴん》と耳に飛び込んできては、日本語教師としての私の神経を逆なでする表現があります。左のような「～てございます」でございます。


その件につきましては、ただいま担当部署にて検討してございます。

この試みは、今後の発展に大いに寄与するものと考えてございます。

このような場にお招きいただき、たいへん光栄に存じてございます。


ああ、気持ち悪い！

ことばにルールブックはない、母語話者のあなたが、私が、ルールブックだ、と信じてはおりますけれど、でも、敬語というのは、言語の中でひときわ規範をたいせつにする分野です。「自然な変化」に身を任せるのではなく、上からルールの網をかけて、その中でみんなが了解して、きっちりかっちり使いましょうね、それがマナーですよ、という世界です。

右の気持ち悪い「～てございます」を頻発する人々も、心根としては「丁寧でありたい」「マナーを守りたい」と思っているからこそ、こんなしゃべり方をするのでしょう。であれば、私もここは規範を振り回して論じたいと思います。
現代日本語標準語において、「〜てございます」は「〜てあります」の丁寧語です。ところが、右の三例からよけいな化粧を落として、すっぴんに戻すと、こうなります。

（その件については、いま担当部署で）検討しています。
（この試みは、今後の発展に大いに寄与するものと）考えています。
（このような場に招いてもらい、たいへん光栄に）思っています。

もとの姿は、すべて「〜ています」なのです。「〜てあります」ではないのです。ですからここに「ございます」を使ってはいけないのであります。「います」を敬語化しようとすれば、ここは主語が「私」なので、謙譲語を用いることになります。「います」に対応する謙譲語は「おります」です。つまり、タダシイのは、こちら。

その件につきましては、ただいま担当部署にて検討しております。
この試みは、今後の発展に大いに寄与するものと考えております。

このような場にお招きいただき、たいへん光栄に存じております。

言われてみればそうだよね、と納得していただけるのではないでしょうか。ただし、微妙な例もあります。

あちらに軽食をご用意してございます。

資料はお手元にお配りしてございます。

これはマチガイとはいえません。「私（ども）が用意した／配った」と取れば「〜ております」が正解になりますが、「すでに用意してある／配ってある」と取れば、「〜てございます」が正解になるからです。

でも、最初に挙げた三例は、どう考えてもそうは取れません。文意の上からも、「今検討している／考えている／存じている」最中であるのだから、「すでに〜てある」とは、どう考えても解釈できないからです。

冒頭に述べたごとく、この気持ち悪い「〜てございます」にやたらに出会うのは、お役所周辺です。私の住む小さな街だけではありません。国会の質疑や討論などでもよく使われています。もしかしたら一般企業の中でも使われているのかもしれませんけれど、そこは読者諸賢の観察を待ちたいと思います。とにかく今のところ言えるのは、どうやらお役人ことば、それも（役職についているのが圧倒的に中年男性だからかもしれませんが）、中年男性に多い。いやだなあ。おじさま方、変なものはやらせないでください！

ただし、以上のタダシイ／タダシクナイ論は、あくまでも現代日本語標準語におけるお話です。方言には、「～ている」の尊敬語として、つまり「～ていらっしゃる」の意で、「～てござる」が使われる例があります。じつは私の母方言である高山弁がまさにそれでしてね。「本家のじさまが手酌《てじゃく》で飲んでござる。あんた早う行ってお酌せんと！」とか、「今、何や考えてござるで、邪魔せんのやえ」などと言えるのです（逆に、高山弁では「～てある」の意味で「ござる」を使うことはありません）。

しかし、標準語は違います。お役所周辺のみなさん、丁寧に話したいという気持ちがあるのであれば、ここは怠けないでください。「～ております」と「～てございます」をきちんと使い分けていただきたいと思うものでございます。

第6章　日本語教室の窓から

日本語教師って、国語の先生とどう違うの？　これ、案外知られていないように思います。ごく単純化していうならば、日本語教師は日本語をまったく知らない人を相手にします。国語の先生は、日本語がペラペラの生徒を相手にします。長年日本語教師をやってきた身からすると、日本語ペラペラの人に国語の先生は今さら何を教えるんだろうと、むしろそちらのほうがふしぎに思えます。最後は、そんな日本語教師が日本語の教室でどんな日々を過ごしているかをご紹介します。

and、と、そして

二つのものを並べて言及したいとき、どうするか。たとえば拙宅には猫が二匹いまして、名前は、灰色のしましま猫がウリ、黒っぽいサビ猫がグリコといいます。この両名を並べて紹介するなら、「ウリとグリコ」になります。「グリコとウリ」でもかまいませんが、とにかく、二つの名前のあいだに助詞の「と」をはさむわけです。

何をことごとしく述べたてておるのだとお思いでしょう。ではつぎのような日本語に出くわしたとき、いったい何がどうしちゃったのか、説明できますか？

ウリちゃんは小さいと灰色とかわいいです。

私は教室でも年がら年中、猫がすべった猫がころんだと話題にし、作成する教材にはやたらに猫がらみの例文を出し、あらゆるチャンスをとらえてうちの猫の写真を見せびらかしております。そうしますと、学生も教師を喜ばせようと思ってくれるのか、いや、半ばはあきらめ気分からなのでしょうが、例文作成の課題などに猫成分を取り入れてくれます。そんな中に出てくるのが、右のような文です。これを書いた留学生の言いたかったこと、おわかりになりますか？

そうです。ウリすけは「小さい」、そして「灰色だ」、そして「かわいい」、こうホメてくれようとしたのですね（いい学生だ）。「ウリ&グリコ」と言いたいときには、あいだに「と」をはさむ。ならば、「小さいと灰色」「灰色とかわいい」でよいではないか！

残念でした。よくはないのでした。「ウリ」「グリコ」は名詞です。名詞を二つ並列させるときは、あいだに「と」を入れればそれで済みます。でも形容詞を並べるときは、形を変えなければならないのです。イ形容詞（＝国文法では「形容詞」）の「小さい」は、「〜い」を「〜くて」に変えなければなりません。

×ウリは小さいと灰色です。
◯ウリは小さくて灰色です。

一方「灰色」は名詞です。「灰色と黒（のしましま）」のように色の名前を並べるだけなら、「と」が使えます。ですが、「ウリは灰色である。そして〜」というように述語として使うときは、やはり形を変え、「灰色で〜」にしなければなりません。

×ウリは灰色とかわいいです。
◯ウリは灰色でかわいいです。

日本語ネイティブからすると、こんな簡単なことを間違えるのかと驚かれるかもしれませんけれども、たとえば英語だったら、右の文例は全部 and でつなげば済むところです。and ＝「と」だと思ってしまうのも、無理はないといえましょう。

さらに動詞を並べるときも、andと同じ感覚でいては、おかしな日本語になってしまいます。やはり形を変えてやる必要があるのです。

×ワインを飲むと寝ましょう。
◯ワインを飲んで寝ましょう。

「飲む」そののち「寝る」というように、二つの行為を時系列に沿って並べたければ、先に立つ動詞は「テ形」という形にしなければなりません。テ形というのは「〜て／で」となる活用形ですが、国文法でいうと、「連用形＋て／で」です。さらに、時間的継起順に関係なく、事例として二つの行為を取り上げて並べるときには、「て／で」の代わりに「たり／だり」をくっつけます。

×みんなで飲むと踊りました。
◯みんなで飲んだり踊ったりしました。

いかがでしょう。案外めんどうなものでしょう?

さらにこの例の場合、「小さいとかわいい」「飲むと寝る」のような語連続は、「(もうちょっと)小さいとかわいい(んだけどな)」とか、「飲むと(眠くなる)」のように、形の上では条件節と同音になってしまうため、学習者の話す日本語に慣れていない人は、発話の意図を誤解しかねません。「飲むと踊りました」と聞いて、「飲むと踊りたくなる」ってことかなとか、「飲んだら踊りだした」ってことかな、のように。

その学習者がそれまでにどんな文法項目や文型を習得してきたか、その段階における学習者に出がちなミスにはどんなものがあるか、そういったことを把握していないと、学習者の作った文の意味を正しく推測することができず、したがって「正解」への道筋を示すこともできません。形だけ直しても、学習者が言いたかったことと違う文になってしまったり、その人がまだ知らない文法事項を含む文にしてしまったのでは、役に立たないどころか、無用の混乱を招きかねないからです。

こうしたミスに出くわすたびに、日本語教師は学習者の意図を理解し、ミスの原因を推測し、どう直すのが最適解か、どう説明すればわかりやすいか、さまざまなことを瞬時に判断しなければなりません。書かれたものならじっくり考える時間もありますが、話しているときだったら猛スピードで頭をフル回転させる必要があります。逆に、書かれたものの場合は、学習者が言いたかったことが何なのか、その場ですぐ本人に確かめられないことも多いので、それはそれでたいへんです。話しているときも、直しさえすればよいというものではなく、話の流れをさえぎってでも直すべきなのか、ここは目をつむって談話の勢いを優先したほうがいいのか、そういった判断も必要になります。

こうして書いてきて思うに、日本語教師というのは（いやべつに日本語に限りません。すべての語学教師は）、けっこうスリリングな作業をしているんですね。改めてワクワクしてきました。たのしいです。

お間違いだぜ！

学習者の日本語には、当然ながらミスがつきものです。人のミスをあげつらったり笑いものにするのは品性下劣なことですけれども、学習者の日本語の中には何ともチャーミングな「言いまつがい」や「書きまつがい」がしばしばありまして、休み時間の講師控室で、ねえねえ聞いて聞いて！と分かち合いたくなることがよくあります。

今からご紹介するのもそんな魅力的な「作品」です。作った本人がほかの人にしゃべってもいいですよと言ってくれたので、ご披露します。

「～と思ったら大間違いだ」という表現がありますね。特定の場面でよく使われる、お約束の、定番の、決まり文句です。日本語ネイティブには解説などご無用とは思いますが、いろいろ省略があるので、そこをあえて解説してみましょう。

「～と思ったら」の「たら」は、この場合は仮定条件です。引用の「と」の代わりに「なんて」を使い「～なんて思ったら」と言うこともあります。「大間違い」は、その「思う」内容がまったくの的外れだという指摘です。そして、多くの場合、「思う」の主語は、二人称です。アナタとかキミとかお前とか、このセリフの聞き手に当たる人物です。つまり、「キミは～と思うかもしれないが、それはとんだ見当違いだぞ！」ということです。

以下、例文。

このままで済むと思ったら大間違いだ。覚えてろ！

「このままで済むと思うなよ」ということですね。ケンカの捨てゼリフにぴったりです。もう一例。

猫との暮らしはバラ色だなんて思ったら大間違いですよ。

これから猫を飼おうかなとお考えの方への忠告です。猫なんて、物は壊す、安眠妨害はする、しごとは邪魔する、ああ、もう、もし猫を迎える気なら、覚悟したほうがいいですよ、という忠告です。

さらに二〇一七年夏には、新聞報道からたいへんよい例文を拾いました。とある地方選挙の応援演説で、与党国会議員の某氏がこうおっしゃったそうな。

私らを落とすなら、落としてみろって。マスコミの人だけが選挙を左右するなんて思ったら大間違いですよ。

このときの某氏は、政治家の「揚げ足取り」ばかりするマスコミに相当苛立っていたらしい。「誤解を招きかねない」ような発言を「正解」しちゃうのはケシカラン、と言いたかったようです。いやあ、じつにスバラシイ用例ですな。とにかく「大間違いだ」は、このように相手の甘い見通しを全面的に否定したり、相手の勝手な思惑を断固として非難する、といった場面で使われる定型表現です。

では留学生Jさんの作例です。文法のクラスで、例文作成の宿題に書いてくれました。

そこまでやってもらえると思ったら、お間違いだ。僕は友だちの秘密を言うもんか。

じつは、これ、「絶対に〜しない」という意味の文型「〜もんか」をターゲットにした課題だったのですが、このセリフの背後にいろんなドラマが展開しそうですよね。スノーデン氏とか、FBIとか、司法取引とか、もう、想像が止まらない。しかし、この文のツボは、なんといっても、「お間違いだ」です。オマチガイです。「お門違い」じゃありません。もしかしたら漢字に由来するミスかとも思い、念のため本人に確認しましたが、オカドチガイという表現をそのときのJさんは知りませんでした。

はてさて、どこから来たのでしょう、この「お間違い」。

小栗左多里さんの『ダーリンは外国人』という漫画があります。小栗さんのダーリンはハンガリーとイタリアの血を受けアメリカで教育を受けたという人で、日本語ペラペラの語学オタクです。日本語についていろいろおもしろいことに気づいては、作者の小栗さんを驚かせるのですが、その彼によれば、「大岡越前」の三つの「おおお」を、ほとんどの日本人は二・二個分ぐらいしか発音していないそうです。なるほどたしかに、「おーぉかえちぜん」ぐらいかもしれません。「大間違いだ！」も、強い調子で言い切ると、「おお」が短く聞こえます。「大間違い」を「お間違い」と聞き違えたJさんの耳は、むしろ正確だったといえましょう。

あるいはまた、Jさんはもしかすると、「余計なお世話だ」や「ふん、ご立派な趣味ですこと」のように、相手を非難したり皮肉を言ったりするような場面で、逆に「お／ご」という敬語表現を使うという日本語の特徴も、的確にとらえていたのかもしれません。そのつもりで「間違い」に「お」をかぶせた可能性もあります。

ともあれ、無遅刻無欠席、いつも勘のいい質問を投げかけてくれるJさんでした。

お茶目な例文を、ありがとう！
　さてさて、前述の選挙の応援演説ですが、この政治家さんのおっしゃるとおりです。選挙結果を左右するのは、マスコミの人だけなんて思ったらお間違いだぜ。選挙を左右するのは、ワタシタチだ！

ぐうの音

　某日、つねに机辺を去らず飼い主のしごとぶりを監視してくれる猫が、散らかった国語辞典にアゴを乗せてぐっすり眠りこけておりました。じゃまくさいなと思いつつ、その鼻先のページをのぞきこんで、笑ってしまいました。

　くちまかせ、くちまね、くちもと、くちやかましい、くちやくそく、ぐちゃぐちゃ、くちゅう、くちゅう、くちょう、ぐちょく……

　辞書の単語は、ただ五十音順に並んでいるだけです。その並びに意味はないはずなのだけれど――「口やかましい人を相手に口任せに口約束をしちゃったもんだから、ぐちゃぐちゃの事態になって苦衷の口調で言い訳を考えているひと……に駆虫剤を飲ませたら、ますます大変なことになり……」などというシュールな作文が止まらなくなります。辞書というのは、ヒマつぶしにはもってこいですな。

それはさておき、そのページにあった「ぐちょく＝愚直」、これをわたくしは、その少し前まで、「ぐうちょく」と読んでおりまして。日本語教師としてまことに恥ずかしいお話です。

世界にポピュリズムの嵐が吹き荒れ始めたころ、しきりに「衆愚政治」という表現を見かけるようになりました。あまりテレビを見ない人間なので、文字で目にするだけだったのですけれども、ある日ラジオを聞いていたら、政治学者らしき人が、しきりに「しゅーぐせーじ」と発音しているのが聞こえてきました。

やあね、このひと、間違えてる、「しゅーぐーせーじ」でしょ、と思ったのですが、なんと、相手のアナウンサーも同じ発音で返しています。にわかに不安になって、こっそり辞書を引いてみたら……みたら……「しゅうぐ」だった！

うわあ。

あわてて「愚」がらみのほかの単語を調べてみたところ、前述の「愚直」も、「ぐちょく」が正しいことが判明。うわわあ。私、ずっと「ぐうちょく」と発音してた……。

こんな恥ずかしい間違いがそのときまでバレずにすんできたのは、ひとえに、これらの単語の使用頻度が低いからでしょう。脳内で読むことはあっても、声に出すことはめったになかったために、「けっ、日本語教師のくせに！」と笑われずに済んだのでしょう。

ふう。

文字から入った語、目で読むだけの単語というのは、まったく曲者《くせもの》ですね。じつは年に数回だけですが、日本点字図書館というところで対面朗読のボランティアをしております。目の見えない方が読みたいと思って持参なさる本を、小さな個室で差し向かいになって音読するというしごとです。正式には「専門対面リーディングサービス」といい、各登録ボランティアがそれぞれに得意とする専門分野を担当するのですが、私の場合は日本語教師ということで、日本語で書いてあればとりあえず何でもよかろうということになるのか、じつにさまざまな本や資料が持ち込まれます。

それを初見で読むのですから、毎回冷や汗ものなのですけれど、専門用語を読み間違えるのはさして恥ずかしいことではありません。資料を持ち込む利用者さんこそがその専門家であることが多いので、いろいろ教えていただけます。困るのは、どうということのない「ふつうの単語」です。ふつうの単語ではあるのだけれども、「うっ、そういえばこれまで声に出したことない！」という語にしばしば出くわすのです。意味も用法もよく知っているのに、とっさに読みが出てこない。コンマ数秒、激しくもだえながら読み上げる羽目に陥ります。先日は「興行」につまずきました。脳内で、キョーギョー、コーギョー、コーコー、コーギョー、どれ?!という綱渡りを演じたのでした。

恥ずかしい間違いはもう一つありまして、これは、拙著『辞書のすきま　すきまの言葉』にも書いたことなのですが、私はずっと、「女王」を「じょうおう」と読んでいたという忌まわしい過去を持っております。エリザベス女王、女王陛下の００７、女王蜂、女王さまとお呼び！　全部、ジョーオーと発音していました。日本語教師になって、初級クラスの漢字の授業の準備をしていたときに知ったのです、「じょうおう」じゃなくて、「じょおう」が正しいと。あのときはショックでした。

これは「衆愚」と違って、人前で口に出す場面もあったはずですが、誰もそれまで私の発音を笑わなかったし、困ったことに、いまだに私の耳には人々も「ジョーオー」

と言っているように聞こえます。さらに、心優しい日本語入力システムは、「じょう おう」と打っても「女王」と変換してくれるので、ますます間違いに気づかなかった次第です。

日本語入力システムと言えば、これは一部では有名な一件なのですけれども、ほんとうに心優しいというか、間違いに寛大というか、最近では「雰囲気（ふんいき）」を「ふいんき」と発音する人が増えているのに合わせ、「ふいんき」と打っても、「雰囲気」と変換してくれるソフトもあるのだとか。

それにしても我ながらふしぎなのですが、それまでも、「女王」を引っくり返した「王女」の「女」は、ちゃんと「じょ」と認識し、ちゃんと短く発音していました。「女性、女傑、彼女、淑女」、みんなそうです。

なぜ「女王」だけ間違えちゃったのかな。

もちろん後続の「王」の「お」に引きずられたには違いありませんが、「漢字の読み仮名」として「じょう」だと信じていた理由にはなりません。ふしぎです。「女」なんて、小学校一年生の習う漢字です。それを大人になってから改めて辞書で調べる人は少ないでしょう。日本語教師というしごとに就かなければ、私も一生気づかずに過ごしたかもしれません。

さきほどの「衆愚、愚直」に戻りますと、この「愚」を、ずっと「ぐう」だと信じてきた件、一応の説明がつかないこともありません。傷口をなめるような繰り言になりますけれども、お聞きくださいまし。

漢字の成り立ちについて、「形声」という方法があるのをご存じでしょうか。意味をになう部分（＝形）と発音をになう部分（＝声）を組み合わせて、あたらしい漢字を作るというものです。たとえば「青」はセイという音を持ちますが、それに「水」を意味するサンズイを組み合わせれば「清」、「日」を組み合わせれば「晴」という漢字ができます。そして「清」も「晴」も、音読みでは「清流、晴天」のように、セイです。

そこで、です。「愚」と同じ部首を持つ「偶、遇、寓」、これらはすべてグウと発音されますよね。「偶然、偶数」、「境遇、奇遇」、「寓居、仮寓」、みんなグウです。だから、ですから、「衆愚、愚直」の「愚」もグウだ！と思ったんじゃないか、と思うのです。

にしても、「愚息、愚痴、愚考、愚弄、愚図、愚連隊」などは、ちゃんと「ぐ」だと思ってきたし、そう発音してきました。一方で、この「衆愚、愚直」と、あと「暗愚、大愚」は、「ぐう」だと思っていたのです。その間違いの法則は何だ！と自分に問いたい。間違えるにしても筋の通った間違え方をしろ、と言われれば、ぐうの音も出ません。かくて心の傷はふさがらないままですけれども、教訓は得ました。

やっぱり、声に出して読むって大事。

頭のいい話し方

以前、あたらしく義父のケアマネージャーになった方と電話で話しました。初対面、電話ですから初対耳（？）の方でしたが、私が何を知っていて何を知らないかを、すばやく察知なさって、最適の「難易度」で話を進めてくださる方でした。おかげで、電話だけでかなりの手はずを整えてオットに伝えることができました。

で、思ったのです。頭のいい方だなあ、と。

介護保険制度というのは、少しでもかかわった経験があればどなたも痛感なさることと思いますが、ほんとうにややこしい。介護認定の手続きとか、誰が何を決める権限をどこまで持っているかとか、特養、老健、サ高住、多機能小規模なんちゃら等々、施設ごとの特徴や決まりごとも、知っていなければ話になりません。だから、何も知らない人に対しては、一から順を追って説明しないといけない。

でも、私は幸か不幸か、その数年前に母が厄介になる事態になったとき、必死で制度を勉強していたので、ある程度の予備知識がありました。そういう人間に対しては、きちんと定義された用語を使ったほうが、妙にかみ砕いて聞かせるよりも、サクサクと、かつ誤解なく、話が進みます。

この、「相手の知識量を推し量りながら話を進める技術」は、敬語が正しく使えるなどということ以上に、たいせつかもしれません。素人や専門外の人を相手に、得々と業界用語や専門用語を振り回す人は、失礼ながら「あったま悪～い」と思います。しまいにはイライラして、知らないから聞いてるんです！と叫びたくなります。

反対に、そこまではわかってますから、と言っているにもかかわらず、初歩的なことを一からくどくどと「やさしい単語」を使って説明してくれようとする人も、「あったま悪～い」と思います。「やさしい単語」は、えてして両義的・多義的であることが多いので、かえって説明がわかりにくく、しかも不正確になることがよくあるからです。

役所の窓口、家電売り場の店員さん、パソコンのサポート、ケータイショップ、お稽古ごとのお師匠さん、○○体験講座の講師……これはいろいろな場面でいえることではないでしょうか。

ここでいう「頭がいい／悪い」は、むろん、知能指数や偏差値とは違います。会話の端々から、相手の頭の中身を推測する力、です。力というより、感性とかセンスというものかもしれません。

そして、それは、むろん、日本語の教室でも、同じ。

ある日、授業が終わった後で、ある文型について質問をしてきた留学生がいました。わりとよくあるタイプの疑問だったので、さらっと説明しました。が、何となくすっきりしない顔をしています。少しことばを換えて、説明し直しました。それでも、やっぱり同じ。

質問してきたのは上級クラスの人で、語感も鋭いところがあり、ふだんから語彙の選択も適切だし、文法のミスもほとんどない人です。「まだ何か引っかかりますか？」と聞いたところ（この「引っかかる」がわかる程度の日本語力のある人です）、「あのう、『じしょけい』って、何ですか？」と言うではありませんか。

ええっ?!

留学生（成人の日本語学習者）に文法的なことを説明するときは、たいていの場合、文法用語を使ったほうが、話が早い。だから、そのときも、そのつもりでした。52ページと88ページでも触れましたが、「辞書形」というのは国文法でいうところの終止形です。初級の日本語の、それもごく初めの段階で導入される用語です。多くの日本語教育機関で使われているタームです。ですから、その「辞書形」を知らない日本語学習者がいるなんて、思いもしませんでした。

あわてて確かめたところ、その学生は生後すぐから五歳まで日本にいたと言います。母語と呼べるのはほかの言語だけれど、そんなわけで日本語も（習って覚えたのではなく）自然に獲得したのだそうです。つまり、日本語ネイティブとほぼ同じだったわけです。文法用語なんか知らない。知らないけど、話せる。そういう人だったのでした。

非常勤講師は学生の詳細なプロフィールはもらっておりませんし、クラスが始まるときの自己紹介でも本人からそんな話はなかったので、「辞書形」という用語を知らないかもしれないなどという可能性が、私にはまったく思い浮かばなかったのでした。

しかし言われてみれば、たしかに発音もたいへんきれい、というか、ほぼネイティブの発音でした。気づかなかったのはうかつというしかありません。結果、「あったま悪〜い」説明をしてしまったというお粗末です。文法用語なんか知らない、知る必要もなかった人に対して、得々と文法用語を振り回してわかりにくい説明をしてしまったのですから。

ああ。

会話の端々から、相手の知識量を推し量る。とてもたいせつなことだけれど、とても難しい。とはいえ、意識するのとしないのとでは、相当違うと思います。以上、自戒を込めて、考えたことでした。

日本語教師になる方法

日本語教師になる方法はいくつかあります。

①大学や大学院で日本語教育科目を履修し、単位を取得する。
②文化庁が認定した養成講座などで四百二十時間以上の研修を修了する。

③とにかくなっちゃう！
④日本語教育能力検定試験に合格する。

私は三つめ、とにかくなっちゃったクチです。大学を卒業して英語の学習参考書などを作る小さな出版社に就職したのですが、あまりの忙しさと「私の居場所はここじゃない感」に音を上げて早々に逃げ出し、先輩のつてで小さな研究所の研究室に助手という職を得て、もぐりこみました。そうしたらそこは、お給料がいいわりに天国のように暇な職場でした。すると今度は、贅沢にもその甘い生活の中で「よくわかんないけどやっぱり何かがチガウ感」にさいなまれ、あれこれ手を出してみるうち（ここは話せばたいへん長い話になるので略しますが）、タイ料理にはまりました。

まだ、今のようにタイ料理の人気が出る前のことです。パクチーなどという野菜を知っている日本人はほとんどいなかったころの話です。で、料理を知る前にまずはことばだ、と思ってタイ語を習い始めたところ、タイ語の先生から、暇なら一度のぞきに来ない？と誘われたのが、国際協力事業団（現・国際協力機構ＪＩＣＡ）の研修センターでした。

センターには、途上国の前途有望な青年たちが集められ、いろいろな技術や政務などの研修を受けていました。タイ語の先生はそこで通訳のしごとをなさっていたのですが、センターには日常会話程度の日本語を教えるクラスもあり、その夜間クラスの講師として私を紹介してくださったのでした。英語の教員免許を持っていたので、まあ何とかなるだろうと思われたようです。そこで初めて、日本語教育というものに触れました。

見学に行った晩のことは今でも覚えています。使われていたテキストは、A六版の青い小さな冊子。見学だけのはずだったのに、講師の女性からいきなり「やってみて」とひと言。オタオタしながら教壇に立ち、やれと言われた二ページほどを「りぴーとあふたみー」的な反復練習で済ませ、それは私にとってはほとんど永遠に感じる時間でしたが、今思うに十分も経ってはいなかったでしょう、後はもう何をしていいやらわからず立ち尽くすばかり。ため息まじりの講師に救出されたのでした。

それでもよほど人が足りなかったのでしょうね。訓練らしい訓練もないまま、採用されて週に何日か通うようになりました。どうひいき目に見てもひどい先生だったと思います。でも研修生とは年齢もそう違いませんでしたし、結果的には学習者と教師が「いっしょに授業を作る」というような、ある意味では理想的なクラス運営になり、毎度ジタバタしながらもたのしく過ごせました。それに、向こうは何しろ国を代表して来ているエリートたちです。できの悪い教師にも大人の対応をしてくれたのが大きかったと思います。

そんな、ドサクサ紛れにちゃっかり日本語教師になってしまった私が言うのはナンですけれども、このしごと、日本語がしゃべれればやっていけるというほど、甘いものではありません。私も、なっちゃった後で、これはいかん、と遅ればせに気づきました。それで、しごとの合間にいろんな講座や研修に参加し、さんざん時間とお金を使い、それでもやっぱり足りなくて、大学院にもぐりこみました。そうなると、天国のようだった職場との両立もさすがに難しく、思い切って日本語専業になり、爾来《じらい》、還暦過ぎのこの年まで、日本語教師いっぽんで生きてきました。

ふと気づけば「何かチガウ感」はとうに消えていました。日本語教師というしごとが性に合っていたのでしょう。というか、日本語そのものがおもしろくなっていました。日本語のおもしろさに気づくことができたのは、外国人学習者と出会ったおかげです。母語話者にはありえない妙な間違いをおかし、母語話者には思いもよらない斜め上やら下からの質問を投げかけてくる——そんな彼らの「外の目」がなければ、私が自分の力だけで日本語のおもしろさに気づくことはできなかったでしょう。

まだ人生を総括するには早いかもしれませんが、母語のおもしろさに気づくことができ、大好きな日本語を「飯のタネ」にできて、つくづくしあわせな人生だったなあ、と思います。なりゆきで踏み込んだ道でしたが、たのしい人生を歩んでくることができました。ほんとうに、ありがたいことです。

日本語教育能力検定試験

しかし、これから日本語教師をめざそうという方にはまことに申し訳ないことながら、現在はもう「なっちゃった」方式で日本語教師になる道は、ほぼ閉ざされています。きちんと知識をたくわえ、万端の準備をととのえ、真正面から突破していただくしかありません。

で、先ほど述べた①や②が可能であれば文句なしですが、これには長い時間と多額の資金が必要です。もう少しハードルの低い方法が、④の日本語教育能力検定試験(以下、「検定」)に合格することです。ただし、これは合格しなければ教師になってはいけない、というような資格試験ではありません。現に私は受けたことすらありません（教師養成講座などでエラそうに検定対策の講義をしてきたくせに。すみません、ほんとうに）。けれど現在、日本語学校などの教師採用条件には、①や②までは求めないところでも、④はほぼ必ず、入っています。大学（院）や長期研修に通う余裕はないけれど、とにかくやってみたい人、地域の日本語教室などでボランティアで教えるにあたって日本語教育に何が必要かを知っておきたい人、そしてもちろん、本気の本気で日本語教師を職業に選ぼうとしている人、そんな方たちが受ける検定試験です。

受験のチャンスは年一回で、例年十月に実施されています。今のところ試験会場は国内の主要七都市だけです。試験は聴解を含む三つのパートに分かれ、正味四時間、一日がかりのハードなものです。出題範囲がこれまた、むやみやたらと広い。日本語の構造はもとより、一般言語学、異文化適応、教授法、教育史、評価法、国語政策、外国人政策、情報リテラシーなどなど、サディスティックなまでに、広い。さらに、学習者人口の多い国々の言語（中国語、ポルトガル語、韓国語など、そのときどきの国際情勢によっても変わります）についても、その文法や音韻論の概要を知っていることが求められます。その上、受験料が高い（二〇二〇年度、税込み一万八百円）。

そして合格率は、おおよそ二十五パーセント前後です。絶望的に低い率ではありませんが、ちょっと受けてみようかなというような軽い気持ちで合格できる数字でもありません。

かくのごとく、なかなか厳しい検定ですが、受験資格はとくにありません。年齢も学歴も問いません。ですから、孤独な自学自習に耐えることさえできれば、高いお金と長い時間をかけて大学や養成講座に通う必要はなく、参考書代と受験料だけで日本語教師への道を切り開くこともできるわけです。

日本語教師と日本の明日

日本が外国人人材の受け入れに大きく舵を切った今、日本語教育界は教師のなり手を求めています。これは移民政策ではない、などと妙な理屈をふりかざす政府のもとでは、残念ながら国として本気で日本語教師の増員を求めているとは思えない状況ですが、社会の実情は、とっくにその方向に動き始めています。職場で、街で、学校で、日本語教師の出番は増えていくはずです。いえ、増やしていかなければなりません。

同じ職場で働く外国人が、ことばゆえに日本人従業員と対立したり、その能力を正当に評価されずに給与や待遇で差別されるようなことがあってはなりません。雇用した外国人人材をサポートするのは、企業の当然の責務です。サポートの一つには日本語習得の機会提供が求められます。日本語教師の出番です。

日本人の配偶者などとして日本に暮らす外国人が、地域社会の中で孤立することがあってはなりません。祭りなどの行事や、日々のゴミ出しの方法などで反目し合ったり、仲間外れにしたりされたり、そんなことで暮らしがギスギスするのは誰の得にもなりません。かくて、地域の日本語教室は、生活者としての外国人にとってたいせつな「居場所」になります。そうした教室は現在ほとんどがボランティアで運営されていますが、そこにはやはり日本語教育の基礎的な知見を持った人材が必要です。

学校にも、外国にルーツを持つ子どもたちが急増しています。彼らが日本の学校で、日本人児童と対等に、フェアに、能力を発揮していくためには、まずスタート地点でのことばの障壁を取り払ってあげる必要があります。それは、ただでさえ過重労働を強いられている現場の（他教科の）教員が、片手間にこなせるしごとではありません。子どもは社会の宝だといいます。その宝物たちの未来が、ことばの障壁ゆえに閉ざされるようなことは、何としても防がなければなりません。自分の力では解決しようのない事由によって人生の将来を見通せないようなことがあれば、子どもは社会に対して暗い反感を抱く存在になってしまうでしょう。宝になるはずが、毒になってしまうかもしれないのです。少々照れくさくも大仰な言い方になりますが、ここは言ってしまいましょう、日本語教師は未来の日本の宝を育てる力になれます！

一つの希望はあります。二〇一九年六月、日本語教育推進法が成立・施行されたのです。法律ができれば、企業や地方自治体、学校などに日本語教育のための予算がつくことが期待できます。一方、日本語教師という職にも、いずれ何らかの公的資格が求められるようになるでしょう。それは一見、日本語教師になる道が狭められることのように見えるかもしれませんが、きちんとした資格制度を設けることによって、日本語教師の社会的地位は上がるはずです。それはつまり処遇改善、端的にいえば、暮らしていけるだけの報酬の保証につながるでしょう。予算がついて活躍の場が増え、身分も収入も保証されるとなれば、当然のことながら、人材が集まります。若い人たちが、安心して生涯の職業として日本語教師という道を選べるようになります。

私は今「無免許」ですが（日本語教師ばかりでなく、日本の大学などでドイツ語や中国語などを教えている教員も、現行、無免許です）、英語科教員のように日本語科の教員免許制度が実施されることになったら、あるいはとにかく何らかの資格が必要な制度になったら、がんばってそのための試験を受けようと思います。わが脳細胞の崩壊がおそろしい勢いで進行中なのが、大きな不安材料ではありますけれども。

「やさしい日本語」と日本語教師

それと、もう一つ。「やさしい日本語」という運動をごぞんじでしょうか。さまざまな公共空間で使われる日本語を、なるべく平易でわかりやすいものにしましょう、という運動です。漢字にはフリガナをつける、一文を短くする、接続詞を積極的に使って文と文の関係を明確にする、耳で聞いてわかりにくい同音異義語は避ける、年号は西暦に統一する、コテコテした敬語表現を使わない、などが基本となります。

この「やさしい日本語」は、もともとは阪神淡路大震災のとき、被災地の外国人住民や訪日客に情報が行きわたらなかったという反省から生まれました。当時も英語での発信はある程度なされていましたが、当然ながら、外国人＝英語を解する人ばかりではありません。しかし、英語以外のいくつもの外国語で情報を発信することは、ことに地震や台風などの緊急時にはとうてい無理です。そこで、日本に住んでいる外国人、あるいは興味を持って旅行に来ているほどの外国人なら、何とか理解できる程度の日本語を使って情報を発信しよう、となりました。それが「やさしい日本語」です。

その後、災害などの緊急時だけでなく、ふだんの生活でも、無駄に難解な日本語がさまざまな場面で情報伝達のさまたげになっていることがわかってきました。そこで、災害時の避難指示や避難所の掲示ばかりでなく、街なかの各種案内表示、駅や電車のアナウンス、お役所からの通知、学校から保護者へのお知らせなどなど、そこで使われる日本語表現を、なるべく平易に、簡潔にしましょう、という流れが生まれました。あたらしい「やさしい日本語」が展開し始めているのです。

その過程で、うれしい副産物も生まれてきました。まず「やさしい日本語」にすると、機械翻訳の精度がぐんと上がります。つまり英語やそのほかの外国語ができなくても、いつもの日本語を「やさしい日本語」に置き換えることさえできれば、あとはスマホの翻訳アプリがやってくれます。それだけでかなりの情報提供ができるのです。

さらに、「やさしい日本語」は、外国人にやさしいだけではないことがわかってきました。たとえば、お役所の文書を「やさしい日本語」に書き換えてみると、なんと、ふつうの成人の日本人にとってもぐっとわかりやすくなるのです。思うに、国会などでの政治家や官僚の発言・答弁も、すべて「やさしい日本語」にしたなら、きっとあの人やかの人の答弁時間は大幅に短縮されることでしょう。いや、もしかしたら何の中身も残らなくなるかもしれませんが、それならそれで、問題のありかが今よりずっと明確になることでしょう。ともかく、一文を短く、無駄な修飾を省き、空虚なだけで一片の敬意もこもらない敬語も取り除き、論理関係を明確に、ゆっくりはっきりしゃべっていただきたい。「はい」か「いいえ」で答えられる質問には、「はい」か「いいえ」で答えていただきたいものです。

ちと脱線しましたが、「やさしい日本語」は、耳で聞くときにも威力を発揮します。アナウンスなどは、格段に聞き取りやすくなります。防災無線のようにエコーのかかる音声も、すっきり伝わる率が高くなります。ざわついた空間でのアナウンスは難聴者には聞き取りにくいものですが、それを「やさしい日本語」にすると、聴覚障害者だけでなく一般の聴者にも聞き取りやすくなります。生まれつき耳の聞こえない聾者《ろうしゃ》の第一言語は多くの場合手話ですが、たとえその場に手話のできる人がいなくても、「やさしい日本語」で話せば口形が読み取りやすくなるため、それだけでも聾者の情報保障の一助になります。

つまり、「やさしい日本語」は、ことばのユニバーサルデザインなのです。そしてそのための書き換え・言い換えは、誰でも心がければできます。が、それでも一定の知識はあったほうがうまくいくし、少しは訓練も必要です。それに長けているのは、そう、日本語教師です。外国人学習者や、日本人であっても手話などのほかの言語を母語とする人たち、つまり日本語を母語としないすべての人たちにとって、どのような文構造がわかりやすいか、どのような語彙選択が適切か、的確に判断する知識を持っているからです。

いかがでしょう。我田引水が過ぎるでしょうか。

日本語を学ぶ人たちは、日本の文化を知るために、あるいは日本で生活するために、毎日がんばっています。日本語を母語とする人たちも、がんばってみませんか。お互いが「やさしい日本語」のほうへ半歩ずつ歩み寄ればいいのです。そうすれば、街が、学校が、政治の場が、今よりずっと「やさしく」なるでしょう。日本語教師は、そんな共生社会を実現するために、役に立つことのできる職業だと思います。

正直な話、一般の日本語学校の時間講師の時給はけっして高くはありません。授業の準備や後処理などの時間を考えると、むしろ安すぎると言わざるをえないのが現状です。それでも外国人人材の受け入れ拡大と、前述の日本語教育推進法の成立を受けて、少しずつ、状況はいいほうに動いてきています。まだまだ時間はかかるかもしれませんが、いずれは「食べていける職業」として、若い人たち、第二の人生を考えている人たちに、選んでもらえるようになると思います。

何より、ことばが好きな人にとって、自分の母語のいろいろな秘密を知ることのできる日本語教師という職業は、ほんとうに魅力がいっぱいです。一人でも多くの方が、将来の仲間になってくださったらうれしいです。お待ちしています。

おわりに

新書というのは、学識経験豊かなその道の専門家が、一般読者のために書きおろす本だと思っていました。ですから、ポプラ新書で本を書きませんか、という話をいただいたとき、無理ムリムリムリ、絶対ムリです、と一度はお断りしました。ワタシ、専門家じゃないですから、と。

そうしたら、編集者さんが、「いや、清水さんは専門家ですよ」と断言なさった。「何言ってるんですか、アハハ」とまで付け足されました。

え、そうなの？

三十年以上も一つしごとを続けてきたのなら、それはもうりっぱに専門家を名乗る資格がある、少なくとも「一般読者」よりは専門知識があるでしょう？　だったらそれを（ケチケチせずに）書けばよいのだ、と説得されました。それにポプラ新書は、もっと気楽な新書です。なんならサイズが新書版なだけだと思ってください、とも。

そうか、私は専門家なのか。

なりゆきで日本語教育に足を踏み入れ、踏み入れたとたんに、あまりに自分が日本語を知らないことに愕然とした人間です。あわてて勉強を始めたはいいけれど、大学院に入ってからも、これという研究テーマは見つからずじまいで、博士課程は意気地なく中退しました。私がおもしろそうだと思ったことなど、とっくに何十年も、いや、百年も二百年も前の学者が気づいていて、とっくにきれいに解決しているのです。私は研究者には向いてない、と自覚しました。それでも、日本語のおもしろさからは離れがたく、働き口をいただけるままに、この年まで留学生に日本語を教えるというしごとを続けてきました。

ですからまあ、「学識経験」のうちの「経験」だけは、かろうじてクリアしているかもしれません。でも「学識」のほうは、いまだに大学院生だったころのままです。いいえ、さすがに当時より量的には増えていると思いたいですが、でもそれは、自分の頭で考えた研究の成果ではなく、私よりうんと賢い先達の知見を、留学生からの質問に追われるままに、調べ、突き合わせ、ひねくり回して得たものです。

そんなふうですから、たとえば第4章「辞書引いちゃった」にも、解決がつかないままの話を平気で書き散らかしております。それからまた、あたらしい日本語教育にはついていけておりません。インターネットの発達によって、教室という物理的空間がなくても自在に学ぶことのできる手段が出現している今、「教育」や「教師」というものについても、発想の大転換が起きつつあります。若い日本語教師たちの話を聞いていると、まぶしいほどにキラキラしています。でも私が本書に書けたのは、ごくごくオーソドックスな、昔ながらの教室風景です。前述の私のように、新書というのは新鮮な知識の泉ととらえていらっしゃる読者がいらしたとしたら、そこはほんとうに申し訳ありません。

いかん、いかん。

どんどんテンションが下がってきてしまった。

書きたかったのは、見よ、これが私の研究成果だ！でもなく、これが最新の日本語教育事情ですよ！でもありません。ただひたすら、日本語はおもしろいですよ、ステキですよ、ときどきとんでもなくスバラシイですよ、ということです。日本語ネイティブのみなさん、それを知らないのはあまりにもったいないじゃないですか、ということです。それだけは何とかお伝えできたと思うのですが、いかがでしょう。

母語というのは、勉強して覚えるものではありません。知らないうちに身についているものです。知識なんかなくても、自由自在に使いこなせるものです。だからこそ、説明できないところがいっぱいあります。水の飲み方や空気の吸い方を説明しろと言われたら困るでしょう？　それと同じです。

でも、そうであるからこそ、あっ、こうやって息をしていたのかジブン！と気づいたときって、けっこう快感だと思うのです。これまでの日本語教師人生で、私の目からは何枚もウロコが落ちました。それは、とても気持ちのいい体験でした。本書をお読みくださったみなさまのお目目からも、そんなウロコが一枚でも落ちていたらいいな、と思います。

前著（『日本語びいき』といいます。ちゃっかり宣伝）にひきつづき、ヨシタケシンスケさんがカバーに作品をお寄せくださいました。つぎからつぎへとおもしろすぎる絵本で世間をうならせ続けていらっしゃるヨシタケシンスケさんです。今はとうてい私などにおつきあいくださる時間はなかろうと思ったのですが……送られてきた画を見て、今回も思わず「あ〜」と妙な声を出してしまいました。ことばは変わる、それを止めることは誰にもできない、だったらおもしろがろうよ、というメッセージがしっかり伝わります。そして裏表紙には、私の愛するすばらしき日本語の、唯一最大の欠点が、これまたしっかり描かれていました。ありがとうございました。

前著に目を留め、ちまちま書き継いできたブログも読み、「清水さんは専門家です」と威厳に満ちた声でソワソワする私を珈琲店のソファに落ち着かせ、「八年分のブログからめぼしい記事を選んでプリントアウトしてあげますから、それをちゃちゃっと一冊にまとめればいいんですよ、簡単でしょ?」と、たいへん魅力的な作戦を提案し、決行してくださったポプラ社の倉澤紀久子さん、ありがとうございました。全然ちゃちゃっとはいかなかったし、全然簡単ではありませんでしたが、あのプリントの山がなければ、本書の執筆は始まらなかったでしょう。それと、どうしようもなく猫まみれ猫だらけだった原稿を、「猫の話がやや多めの日本語本」といえる程度にまで粘り強く改稿させてくださった手腕にも、感謝いたします。

図版やレイアウトにくふうを凝らしてくださったデザイナーのbookwallさん、ありがとうございました。タイトルを決めるという一大責務を投げ出した著者に代わってタイトルを考えてくださった関係各位にも、感謝いたします。

折々に酒とつまみ（「北海道近海産いかなんこつ」とか）を差し入れてくれたオット氏も、ありがとう。初稿と最終稿のあいだに天に帰ってしまったグリコ婆さまも、ありがとう。おじちゃんといっしょに、いっぱいネタを提供してくれたね。波乱万丈の猫生を生ききって、暑苦しくも愛くるしい、貴女はなかなかの猫でした。おばちゃんは、今も相当無理な体勢で灰色しましま猫のウリすけに足首をあっためてもらいながら、これを書いていますよ。

そして留学生のみなさん、ポンコツ教師の私に、日々さまざまな気づきを与えてくれて、ほんとうにありがとう。まだしばらくはこのしごとを続けます。これからもよろしくお願いします。そして最後になりましたが、本書をお手に取ってくださったみなさま、ほんとうに、ほんとうに、ありがとうございました。

二〇二〇年春　清水由美

参考・参照文献

・『字典かな――出典明記――改訂版』笠間影印叢刊刊行会編／笠間書院
・『日本国語大辞典　第二版』日本国語大辞典第二版編集委員会・小学館国語辞典編集部編／小学館
・『岩波古語辞典　補訂版』大野晋・佐竹昭広・前田金五郎編／岩波書店
・『日本語逆引き辞典』北原保雄編／大修館書店
・『広辞苑　第七版』新村出編／岩波書店
・『逆引き広辞苑』岩波書店辞典編集部編／岩波書店
・『三省堂国語辞典　第七版』見坊豪紀・市川孝ほか編／三省堂
・『新明解国語辞典　第七版』山田忠雄・柴田武ほか編／三省堂
・『現代国語例解辞典　第五版』林巨樹・松井栄一監修／小学館
・『岩波国語辞典　第七版』西尾実・岩淵悦太郎・水谷静夫編／岩波書店
・『新潮国語辞典　第二版』山田俊雄・小林芳規・築島裕・白藤禮幸編／新潮社
・『ダーリンは外国人2』小栗左多里／メディアファクトリー
・一般社団法人日本琺瑯工業会　http://www.horo.or.jp/

本書は、ブログ『猫な日本語』（２０１１年〜２０１９年）掲載の「日本語バナシ」をもとに、大幅な加筆修正、再構成を行い、新たな書き下ろしも加えてまとめたものです。

清水由美
しみず・ゆみ
日本語教師。1958年岐阜県高山市生まれ。東京外国語大学英米語学科卒業。お茶の水女子大学大学院修士課程修了。神奈川大学、マレーシア・マラヤ大学（国際交流基金派遣）等を経て、現在、千葉大学、法政大学ほかで非常勤講師。ときどき日本語教師養成講座講師。さらにときどき、飛騨高山弁を講じることも。著書に『辞書のすきま すきまの言葉』（トム・ガリー監修、研究社）、『日本語びいき』（中公文庫／世界文化社『日本人の日本語知らず。』より改題）がある。作る例文にことごとく猫が登場しちゃうのが、悩み。ブログ『猫な日本語』にて、日本語バナシを（だいたい毎週）月曜更新。

*ブログ「猫な日本語」
http://nekonanihongo.jugem.jp/

カバーデザイン・図版作成　bookwall

ポプラ新書
188
すばらしき日本語

2020年3月9日 第1刷発行

著者
清水由美
発行者
千葉 均
編集
倉澤紀久子
発行所
株式会社 ポプラ社
〒102-8519 東京都千代田区麹町 4-2-6
電話 03-5877-8109(営業) 03-5877-8112(編集)
一般書事業局ホームページ www.webasta.jp
ブックデザイン
鈴木成一デザイン室
印刷・製本
図書印刷株式会社

N.D.C.810/236P/18cm ISBN978-4-591-16637-6
日本音楽著作権協会(出)許諾第 2001968-001 号

P8201188

猫の學校
猫と人の快適生活レッスン
南里秀子

空前の猫ブーム到来！　でも、初めての猫との暮らしがうまくいかなかったり、長寿となった猫の介護に悩む人も増えている。猫との暮らしでいちばん大切なこととは何なのか。留守番猫をサポートするキャットシッター歴25年の「猫のプロ」が、人と猫が家族としてずっと幸せに暮らす秘訣を伝授！

チンパンジーは365日ベッドを作る

眠りの人類進化論

座馬 耕一郎

「寝てみたら快適だった！」チンパンジーの樹上のベッド。その秘密に迫るべく、若き研究者がアフリカ調査を開始した。構造、寝姿、群れの中での位置関係など、綿密で大胆、ときに無謀（？・）な野生チンパンジーへのアプローチを通し、眠りの本質、進化の道すじを解き明かす快著。

生きるとは共に未来を語ること 共に希望を語ること

昭和二十二年、ポプラ社は、戦後の荒廃した東京の焼け跡を目のあたりにし、次の世代の日本を創るべき子どもたちが、ポプラ（白楊）の樹のように、まっすぐにすくすくと成長することを願って、児童図書専門出版社として創業いたしました。

創業以来、すでに六十六年の歳月が経ち、何人たりとも予測できない不透明な世界が出現してしまいました。

この未曾有の混迷と閉塞感におおいつくされた日本の現状を鑑みるにつけ、私どもは出版人としていかなる国家像、いかなる日本人像、そしてグローバル化しボーダレス化した世界的状況の裡で、いかなる人類像を創造しなければならないかという、大命題に応えるべく、強靭な志をもち、共に未来を語り共に希望を語りあえる状況を創ることこそ、私どもに課せられた最大の使命だと考えます。

ポプラ社は創業の原点にもどり、人々がすこやかにすくすくと、生きる喜びを感じられる世界を実現させることに希いと祈りをこめて、ここにポプラ新書を創刊するものです。

未来への挑戦！

平成二十五年　九月吉日　　株式会社ポプラ社